目 次

三重大学出版会二十年史

表紙題字「三重大学出版会二十年史」：鎮西康雄

表紙絵「江戸橋」（春秋　第39号より）：藤城郁哉

三重大学出版会の発展を祈念して

三重大学学長　駒田美弘

　三重大学出版会が設立以来、20周年を迎えられましたことを心よりお慶び申し上げますとともに、これまで貴出版会の運営、経営等にご尽力をされてこられました多くの関係者の皆様に深く感謝と敬意を表したいと思います。

　三重大学出版会のこれまでの歴史は、1988年9月の準備懇談会発足にまで遡るとお聞き致しました。そして、1993年4月に三重学術出版会としてその活動を開始し、1998年1月には三重大学出版会設立祈念式典が開催され、4月からその出版会業務を本格的に開始されています。出版会の設立に至りました時代的背景としては、1970年代頃から「学生の図書離れ」が次第に顕在化し、将来において強く懸念される課題として認識され始めたことがあると伺っております。出版会発足に至る長い道のりの最初の一歩は、三重大学生活協同組合の理事会で「学生の図書離れ」が協議課題として取り上げられ、その対策の検討が開始されたことに始まります。これを契機にして、次第に教官有志が、「学生の図書離れ」を重要な課題であることを共有し、その対策を学部、研究科の垣根を超えて話し合い、大学出版会の必要性を強く共通認識することを経て、出版会設立準備懇談会が設立されるに至っています。この準備懇談会では、三重大学教員を対象とした著書等の出版要望とその出版形態、今後の著書出版予定に関するアンケート調査が実施されました。そして、1990年には、当時の学長の武田進先生、および部局長等の皆さんにその結果を報告されましたが、時期尚早と判断され、さらなる実績作りが懇談会へは要望されています。当時の三重大学出版会の発足に至る大学執行部との折衝の詳細については伺い知ることは十分にはできませんが、出版事業における実績を積み重ねることとその必要性を多くの教職員に向けて明確に示すことに懸命の努力をされたことは、安達六郎先生の折衝記「三重大学出版会への歩み」にも記載をされています。

　三重大学出版会は、その構想段階から準備会の設置を経て、出版会としての本格的な業務開始に至るまでの道のりは長きにわたっており、井澤　道先生、武田　進先生、武村泰男先生、そして矢谷隆一先生と4代の学長が関わっておられます。これらいずれの先生方も、出版会の設立に関しまして様々な支援をされておられたと思いますし、出版会設立の趣旨には賛同されておられましたが、その事業実績の積み重ねと安定的な経営を求められました。1993年には三重大学出版会の前身の三重学術出版会が発足し、その後も引き続き、出版会としての事業の実績作りと安定した業務経営が継続されました。そして、1998年に、当時学長をお務めになっておられました矢谷隆一先生

が、三重学術出版会から三重大学出版会への名称変更を快諾されました。さらには、大学に拠点を置くボランティア有志のネットワーク組織としての三重大学出版会から、2002年には、株式会社三重大学出版会となり、初代社長に武村泰男先生が就任されました。これにより、事務所が開設され、在庫管理を含めた業務体制がしっかりと固められることになりました。しかしながら、実際の経営はとても大変であり、第2代社長をお務めになられました川口元一先生は、本誌に寄稿されました発足記「出版会社長職の3年（2005–2008）」の中で、社長をお引き受けになられた当初の厳しい経営状況とそれを乗り越えられた努力の様を詳細に述べられておられます。国立大学におきましても、法人化以降10数年が経過し、各大学法人には社会の変化に即した教育研究面での運営改革だけではなく、外部資金獲得を含めた地方自治体や企業等との連携を強化する経営改革も重視されてきています。そして、その教育・研究等の成果を国内・世界へと積極的に発信していくことに加えて、多様なステークホルダーに対しては利益をもたらすことまでも求められるようになっています。今でこそ、大学運営から大学経営への発想の転換が求められ、大学教員、あるいは学生もベンチャー企業の設立・経営にチャレンジするようになってきてはいますが、今から15年以上も前の時代において出版会社を経営する際のご苦労は想像を超えるものがあったのではと推察いたします。これまで、三重大学出版会は多くの優れた書籍等を発刊されてきており、出版業務を長きに渡って持続されてこられました実績は輝かしいものであります。これは、取りも直さず、多くの関係者の皆様のご尽力の賜物でありますし、今後も引き続いてその素晴らしい歩みを持続して行かれることを祈念致したいと思います。

　前述いたしましたように、三重大学出版会の発足の原点は、「学生の図書離れ」にあります。三重大学生活協同組合では、創立15周年の記念事業の一つとして、当時の武村泰男図書館長の挨拶を加えた推薦図書冊子「知のいずみ　きみに一冊」が1986年に発行されています。学生にも好評であり、読書の啓蒙に一躍を担っていたように思われます。しかし、現在に至るまでに、学生の書籍離れ、読書離れは果たして解消されているかと言いますと、依然として大きな課題として残っていますし、その深刻さはさらに増しているようにも思います。インターネットの普及も相俟って、辞書、辞典は専用アプリに置き換えられていますし、多くの学生が、図書館で調べるよりもインターネット上に溢れている情報を用いてしまいがちです。膨大な情報の信憑性には十分に配慮することなく、スピードと利便性を優先してしまう傾向が強いように思います。2018年10月17日に、環境・情報科学館にて、「グローバル人材育成セミナー」が開催され、立命館アジア太平洋大学（APU）の出口治明学長による講演が行われました。出口学長は、三重県のお生まれで、高校生まで県内で過ごされ、ビジネスの国際舞台で活躍されたのち、2018年からAPUの学長をお勤めになられています。歴史を

はじめ、ビジネス・児童書・子育てにいたるまで幅広いジャンルの著作を世に送り出しておられ、無類の読書家としても知られています。ご講演では、出口学長は、参加した本学の留学生を含む学生に向けて「グローバルな視点で物事をみるためにはどうすれば先入観を払拭することができるかを考えなさい。昔の人がどう考えたか、世界はどう考えるかを念頭に置くことが大切です。」とメッセージを送られました。そして、そのためには、「多くの人と会うこと、たくさん本を読むこと、旅をすること」の実体験から生み出される人材の多様性と大学での高度で良質な学問や研究の2つの要素が社会人になってからいかに重要であるかを説かれました。三重大学では、最近の学業優秀学生学長賞表彰の際には、副賞としてブックカバーをお渡しして、読書を勧めていますが、今一度、多様な学生一人ひとりに「きみの一冊」を手渡すことができれば素晴らしいのではと思っています。それぞれの学問分野で聖書と言われている教科書、才能溢れる作家の書籍、学術分野の原著論文等を含め、本物に実際触れての学問の必要性、価値は、急速に進化する情報社会にあっても、決して色褪せることはないと考えます。世界の未来を担う若い学生諸君には、本物から学ぶことの素晴らしさ、感動を可能な限り多く体験していただきたいと思います。

　また、大学出版会の役割としては、専門学術書、大学教科書、一般教養書・啓蒙書、大学の記念誌等の書籍の出版がその中心となっていることは他の大学出版会においても同様であります。これに加えまして、三重大学出版会の活動として特筆すべき取り組みとして、「日本修士論文賞」を忘れることはできません。2003年11月に第1回日本修士論文賞の授賞式が、東京都千代田区の学士会館にて開催されています。応募総数23点の中から、大賞2名、論文賞1名が選考されました。以来毎年全国の大学院生から数多くの応募があり、現在まで続けられています。選定においては、題材がもつインパクトや地方性の豊かさ、題材がもつ話題性の高さ、結果がもたらす広範な普及力、そして、出版物らしい説得力の強さを重視するとされています。この受賞制度が開始された当初は、大学の直接的な貢献にはならない活動であるとか、地方大学の小規模な出版会としては身分不相応な試みであるなどという、やや失礼な批判や疑問の声があったと記録されています。しかしその一方では、「一地方大学である三重大学の出版会が、大規模な都市部の大学の修士学生に賞を与えることは不思議な話かもしれないが、三重大学からは受賞者が出ていないことが逆に誇らしいことでもあり、身びいきのなさが本論文賞の権威を高めている。修士論文というだけで世間の人の目に触れずに埋もれてしまう素晴らしい作品もあり、賞の授与には大きな意義がある」という意見もありました。大学出版会の役割・在り方は、それぞれの出版会の置かれた環境、設立趣旨等によって異なっているでしょうし、それぞれの特色があって然るべきであると思います。第5回日本修士論文賞の発表に際して、濱　森太郎先生は、

「三重大学出版会は、下から登っていけるような著者の内容を開発する。修士は学者で言えば下っ端だが、アイデアが生まれ自分らしいものの見方ができ、研究の基礎を作る。」と言われ、本論文賞は出版会の原点の延長線上にあると述べられておられます。実際、日本修士論文賞を受賞した優秀な論文の多くは、その後出版されることにより、多くの人に読む機会が与えられていますし、何よりも、受賞された皆さんの喜びの声、そして、その後の活躍を考えますと、出版会としての秀逸な活動として評価できるのではないかと感じます。大学における学術活動には、その裾野の広さ、多様性・独創性が大切であり、極度な選択と集中は慎むべきであるという趣旨に通じるお考えでもあるように思います。

　三重大学出版会の今までの歩みを振り返った時、その中心的な役割を果たされてこられた、信念と熱意を持った中心人物の存在の大きさに改めて驚きを覚えるとともに、強い感謝の気持ちを抱きます。しかし、それと同時に、将来の出版会を担っていただける人材の育成・確保が急務であるように思いますし、その遅れが次第に事業継続の大きな障壁となってくるではないかとも懸念いたします。全国の大学出版会においても、その業務を受け継いでいただける人材の不在・不足が顕在化してきているようとお聞き致しました。三重大学出版会の業務も、早晩次の世代に引き継いでいかなくてはなりませんし、その準備も少しずつ進めておられると認識いたしております。一般企業においても後継者不足は極めて深刻です。三重県内においても、経営不振で倒産するケースよりも、後継者がいないためにやむなく廃業しなくてはならない企業も多いとお聞きいたしました。三重大学出版会が、将来も長くその素晴らしい活動を続け、さらには新たな役割をも担っていくための機能強化、体制進化は大きな課題であります。三重大学出版会が20年間という長きにわたり果たしてこられました業務の役割とその成果の大きさに心からの敬意を表させていただきますとともに、将来のさらなる発展を祈念したいと思います。

三重大学出版会への歩み

安達六郎

はじめに

　今年は我が国の大学出版部協会が発足して以来、35周年に到る。その為に同協会は設立15周年以後、5年毎に協会の歩みを発行の習わしとなっており、今年は35周年の歩みが現在編集中である。三重大学出版会も、今年の4月に同協会の一員として参加した。この冊子で各大学の出版会(設立、組織、活動等)が2頁にわたり記録される(8月末に出版)。これは私どもにとって非常な栄誉であり、画期的な出来事として記念すべき事と思うこの頃である。

1 大学出版部協会の活動

　この大学出版部協会は、全国の大学出版会、大学出版部、大学出版局等、大学出版に関連する団体が加入するものであり、現在は24団体となっている。

大学出版部協会は1973年6月11日に8つの大学出版部と2つの学術団体で出発している。創立30周年を迎えて、山本正大学出版部協会幹事長は「出版という仕事を通じて大学の機能に参加する」と述べており、これが正しく同協会の志向を示している。

　大学出版部(university press)の起源はイギリスのオックスフォード、ケンブリッジ両大学の印刷所に遡る。オックスフォード大学は1478年に大学内で印刷を実施し、同大学出版局は1984年に創立500年の祝賀会をしている。これに対して、大学出版部の近代的理念をもって事業を進めてきたのが、アメリカの大学出版部である。アメリカではコーネル大学出版局が1861年、ジョン・ホプキンス大学出版局は1878年、カリフォルニア大学、コロンビア大学両出版局は1893年に発足している。アメリカ大学出版部協会(AAUP)加盟の国内大学出版部は1992年現在の団体加入が88にも達する。イギリス、アメリカ、カナダ等に発達した大学出版運動は、次第に日本、韓国中国をはじめ、東南アジアに発展し広がっている。

　我が国の大学出版部は慶応義塾大学が明治5年(1872)に出版局を発足させ、今日に到る。早稲田大学は講義録の出版を中心に、明治19年(1886)、東京電気大学は明治40年

(1907)に開設している。しかし本格的に学術出版を担うようになるのは戦後からである。戦後の昭和22年(1947)は新制大学への移行期で、関西大学出版部がこの年に発足、中央大学出版部、法政大学出版局は昭和23年(1948)となっている。戦後となって初めて国立大学出版部が誕生する。即ち、東京大学出版会が昭和26年(1951)に、北海道大学図書版行会は昭和45年(1970)、九州大学出版会が昭和50年(1975)、名古屋大学出版会が昭和59年(1984)、京都大学学術出版会は平成元年(1989)、ついで最近には大阪大学、東北大学で設立を見た今年の平成10年(1998)に新制大学として最初の三重大学出版会が発足し、同協会に加盟する。

　次に我が国の大学出版部協会の発足と主な活動を紹介する。
昭和38年6月11日；大学出版部協会設立総会開催　東京大学出版会館において
　〃7月11日；大学出版部協会設立披露パーティ　白金迎賓館において
　　初代理事長 箕輪成男〔祝辞〕文部大臣 荒木万寿男、AAUP(アメリカ大学出版協会)、チャールズ ファーズ公使、東京大学総長・茅誠 司、早稲田大学総長・大浜信泉、東京電気大学学長・丹羽保次郎、日本書籍出版協会・金原一郎、日本出版取次協会・相田岩夫〔乾杯〕法政大学総長・谷川徹三、〔出席者〕大学出版協会関係者等；113 名
昭和47年；国際図書年　第１回アジア太平洋地域大学出版部会議　東京開催勧告、オーストラリアに大学出版部協会設立参加15か国
昭和53年6月11日；大学出版部協会創立15周年行事「15年のあゆみ」発刊
昭和55年7月8日；日本生命財団第1回出版助成
昭和57年10月；韓国大学出版部協会の招請により協会代表団が訪韓第1回日韓セミナー
昭和58年8月；創立20周年記念「大学出版部協会総合図書目録」発行
　「20年の歩み」発行
昭和61年4月；協会報「大学出版」発行
昭和63年6月；創立25周年記念「25年の歩み」発行
平成4年12月；創立30周年記念ブックフェア「30年の歩み」発行
平成10年8月；創立35周年記念ブックフェア「35年の歩み」発行
　協会活動の主要な事項には次のごとく記述する事が出来る。
　（1）協会の機関紙「大学出版」；創刊は昭和61年。年2回発行しているが、平成3年から年3回とし、平成5年より年4回の季刊発行にかわる。現在まで37号まで発行。この機関紙は大学と社会を結ぶ知のネットワークの推進を目標としている。
　（2）図書館へのアプローチ；各大学出版部の書籍は学術書が非常に多い。協会と

しては学術書の普及と販売を目指し、「新刊速報」を作成・配付し、図書館への納本に成果を上げている。「新刊速報」は協会加盟出版部の毎月の出版本を掲載し、現在146号に達し、最も早く正確な資料として図書館で活用されている。

　(3) 出版助成；昭和55年より日本生命財団から協会へ出版助成が実施され、今年までに20回になり、イ、史料の保存・研究、ロ、心身の健康、ハ、環境の3分野を対象に総額5億484万円が助成され、204点の学術書が発行されている。

　(4) 国際交流；協会活動の一つとして国際交流活動がある。大学出版部は世界的な存在であり、設立にあたってはアメリカ大学出版部協会のあり方を参考にしている。昨年初めて行われた日・韓・中の3国の合同セミナーは東アジアにおける出版交流の今後の進展をうながすものであった。日・韓大学出版部協会は昭和57年より平成8年まで15年間にわたり交互に相手国を訪問し、共同セミナーを開催してきた。それから日・韓、日・中の交流が3国セミナーに発展している。今年8月に第2回セミナーが北京で開催される予定となっている。

　(5) 大学内の大学出版会・最近の大学は大学自体の活性化とともに社会との対応に取り組む、魅力ある大学であることが求められる。大学出版は自前の発表機関として、いわゆる発信基地として重視され、設立をめざす大学が次第に増加している。大学出版部のモットーである「出版という仕事を通じて大学の機能に参加する」を基本に、地域社会に公報的な役割が期待される。

三重大学出版会の発足にいたる経過

1985年5月～6月；三重大学生活協同組合設立15周年記念誌の発刊企画の一部として、
　推薦図書を紹介する冊子案
〃10月17日；三重大学教職員、院生、学生の推薦図書アンケート調査
〃11月27日；中日新聞…読書のすすめ、"三重大版"
1986年10月22日；「知のいずみ、きみに一冊」創刊、50頁、推薦図書目録編集委員会、
　三重大学生活協同組合発行
1988年3～4月；教官の一部に大学出版会の声
〃4月～；複数学部の教官有志が談話形式活動に発展
〃9月21日；三重大学出版会設立準備懇談会発足(各学部の教官有志で構成する)
　講演会「名古屋大学出版会の設立と現状」伊藤八郎氏(名古屋大学出版会常務)
〃11月16日；三重大学教官の著書出版のご要望に関するアンケート調査(第1回)の実施
1989年；1月25日；前記の第1回アンケート調査の報告

〃3月22日；三重大学教官の著書等出版形態のご要望に関するアンケート調査(第2回)の実施

〃5月24日；前記の第2回アンケート調査結果の報告

〃9月27日；三重大学教官の著書の出版予定等に関するアンケート調査(第3回) の実施

〃10月27日；武田進学長との第1回懇談

〃12月8日；武田進学長との第2回懇談

〃12月8日；前記の第3回アンケート調査結果の報告「三重大学出版会設立請願署名発起人会」発足の準備

〃12月27日；武田進学長への説明、第3回懇談

1990年1月9日；武田進学長との第4回懇談「三重大学出版会(仮称)設立検討資料」を提出

〃2月17日；東京大学出版会・山下正常務理事と三重大学出版会設立準備懇談会代表の懇談

〃4月27日；庶務部長との懇談

2 助走‐推薦図書‐

　昭和50年代に入ると学生の図書ばなれが次第に著しくなる時代となった。この問題が具体的に取り上げられたのは三重大学生活協同組合の理事会に於いてであった。当時の三重大学生活協同組合(以後は三重大生協と省略する)は十数年間にわたり取り組んだ業務健全化にかなりの成果が見られるようになっていた。私は昭和59年に三重大生協理事長となって、学生と教職員の「交流の広場」を考えるようになった。その具体案を理事会で検討した結果、11月に「第1回三重大学学園交流祭」を行った。学生と教職員が参加する企画として、具体的には、テニス大会、音楽会、卓球大会、囲碁大会、書籍展‐ブックフェア‐、書道展、絵画展、写真展、生花展等、および書籍にわたるものに発展している。特に、絵画と写真は大学の構成員の投票‐井沢道学長はじめ各学部長有志と学生・教職員有志‐による受賞者決定もあり、参加者が予想より非常に多く盛会であった。この企画は次年には第2回学園交流祭となって、次第に学部を超える情報と交流の成果を得るようになっている。この行事は数年継続した。当時、ブックフェアに協力した三重大生協書籍店長の岡本一朗氏は、現在、同生協の常務理事職務にある。

　昭和60年には三重大生協創立15周年にあたり、5月に記念事業①記念冊子の発行、②記念式典、更に③学生への推薦図書冊子発行企画等が上げられた。記念冊子の編

集と同時に推薦図書につき学内の教職員・学生へアンケートを実施した。記念誌は「三重大生協15年のあゆみ」A4版21頁を発行した(同年11月)。

　同年夏には推薦図書作成の為に「アンケート調査カード」を作成し、10月に入ると学内教職員、院生、学生に学生向きの推薦図書の趣旨をアンケート調査した。これは推薦する本の内容につき、哲学、政治、自然科学、数学、医学から絵画、外国文学に到る34項目に区分したもので、さらにその本を薦める理由について「推薦の言葉を80字で」の設問が加わる。これを約千人に配付し、100名以上の教官、若千の学生から推薦の言葉を記した回答を得ている。これについては中日新聞‐11月27日－に「読書のすすめ"三重大版"」として記事となった。しかし調査カードの整理に各学部の生協理事があたったが、詳細な項目区分、校正等で調査の完了と印刷が遅れて昭和61年10月22日となり、新聞で報じられてから１約1年を要した。この冊子は、当時の武村泰男図書館長の挨拶を加え「知のいずみ・きみに一冊」B5版50頁としたが、推薦図書を紹介する冊子として学生に好評であった。当時は全国の大学生活協同組合においても、読書の啓蒙連動に意識的に取組み、教官推薦図書コーナーを企画した所もある。三重大生協は推薦図書コーナーの設置も行った。

昭和60年1月27日　中日新聞

３ホップ三重大学出版会設立準備懇談会

此の様に昭和59年より昭和61年までの３年間に三重大生協の本に関する取組みが大学教職員の相互に理解と関心を深めていった。特に、推薦図書の創刊は当時の生協理

事である各学部教官の理解と協力に依って完成しており、協同作業は学部を越えた連携となった。昭和62年1月、例年の入学試験監督が学部を越えた担当で行われ、その際に監督教官から、三重大学にも他大学の様な出版会を希望する声があった。そこから4月には生物資源学部、教育学部、人文学部の教官たち十数人の不定期な集まりで、大学出版について談話している。そして後日、9月には全学部の有志メンバーによって三重大学出版会(仮称)設立準備懇談会が35名で発足し、大学出版会に関する学習に取り掛かった。その当時、名古屋大学出版会が発足して現実の活動をしていることから、設立に敬意を表する意味もあり、名古屋大学出版会の伊藤八郎常務を招いて講演会を開催した。演題名は「名古屋大学出版会の設立と現状」であり、実際の取組を資料で解説された。出版会の実務を理解する上で非常に役立った。

三重大学出版会(仮称)設立準備懇談会　会員名簿(順不同)
代表；安達六郎
(人文学部)上野達彦、曽和俊文、地村彰之、西川　洋、八賀　晋、道坂昭広、目崎茂
　　　　和、浜　森太郎、荒井茂夫、平野一郎
(教育学部)木下　威、黒川都史子、川口元一、新明正弘、藤田匡肖、小田揮準、
　　　　渡辺　守、藤原和好、高山進、阿閉義一、小川隆雄
(医学部)矢谷隆一、鎮西康雄、石本剛一
(工学部)徳田正孝、堀　孝正、佐藤博保、中　祐一郎
(生物資源学部)谷山鉄郎、安達六郎、新垣雅裕、小宮孝志、菅原　庸、長谷川健二
(医療短大)成瀬千助

　三重大学の学内教官の出版に対する考え、さらに可能性について、実態把握の大切なことを知ったので、同年11月には学内教官を対象にアンケート調査を開始した。第1回は「三重大学教官の著書等出版形態のご要望に関するアンケート」調査で、第2回を同題で平成元年3月に実施。さらに出版物の点数を具体的に把握するための調査を同年9月に行った。これらを踏まえ、10月に武田進学長との第1回の懇談をしていただいている。学長との懇談はその後平成2年6月までに5回を数えるにいたる。
この間には3回に及ぶアンケート結果を纏めて要点を記せば、次のようである。
第1回は、教官・職員へのアンケート発送数630部に対して回答194部、回収率は31%になる。さらに回答者の51%の人が出版経験をもっており、その出版点数は460点に及んだ。また設立を予定している三重大学出版会(仮称)からの出版希望点数は276点であった。
　第2回の成果は、発送数574部に対して、68部の回答を得ている。その内で 43名が今後5年以内に、三重大学出版会(仮称)からの出版を希望しており、希望の点数は99点

である。これは一人平均2.3点にあたる。

　第3回の成果は、教官からの回答数は38部に止まっているが、今後3年間に予定する出版物に関する資料を得ている。専門書13点、一般教養書5点、教科書11点、参考書1点であり、以上30点の出版が予定できるとされていた。ただしその2点については三重大学出版会以外からの出版を考えているということであった。

　武田進学長および庶務部長には再三にわたって懇談し、その成果「三重大学出版会(仮称)設立検討資料」を再提出した。この頃名古屋大学出版会の設立当時の学長である飯島宗一先生を招く。先生の講演「国立大学における大学出版」は非常に要を得たもので、ヨーロッパの大学は都市中心にあって、大学出版が活性がある。新しい形ではアメリカの大学出版が主流となりつつある。大学のアカデミズムが出版と非常に関連性が有る点を力説し、専門書の出版と大学の個性を指摘、最後にその中心点を論述した。これは毎日新聞(7月2日)が取り上げて紹介している。

　しかし、平成2年12月に武田進学長から三重大学出版会の発足時期は時期尚早と判断される。その上に出版の実績の無い点を指摘され、関係者が現実に突き当たった想いを知った年であった。

　平成3年1月には実績作りの重要性を改めて見直すことになった。簡明に実績を示すには如何にすべきか、具体的な方法、そのための組織等の検討に着手した。不定期の会合を重ね、粘り強い継続した志向、具体案作成とその検討等が続く年月となった。しかし、約2年後の平成4年12月には三重学術出版会設立案に固まってきて、その案で再検討している。此処にいたって初めて「一条の光」を見る想いであった。

三重大学出版会の発足にいたる経過(続)

1990年6月22日；読売新聞…三重大が「出版会」設立へ…

〃6月28日；武田進学長との第5回懇談

　「三重大学出版会(仮称)設立検討資料」を再提出

〃6月29日；朝日新聞…出版会設立へ動き、三重大あす講演会で弾み…

〃6月30日；飯島宗一氏(名古屋大学学長)の講演会、題名「国立大学における大学出版」

〃7月2日；毎日新聞…研究所も個性大切と講演会で設立を訴える…飯島先生の呼応において三重大学の出版会準備懇談会を励ます

〃7月－；部局超懇談会へ三重大学出版会(仮称)設立検討資料(冊子、補足説明資料要旨および別冊)提出

〃12月14日；武田進学長は「時期尚早」の判断を示し、「実績作り」を要望

1991年1月25日；「実績作り」の検討開始

1992年12月18日；三重学術出版会設立案で再検討開始

1993年2月；武村泰男学長との懇談

〃4月；三重学術出版会設立

　　石井彰氏(国際書院社長)講演会

1994年2月19日；朝日新聞…大学出版会、個性で勝負…三重大学では出版会をつくる

　　前段階として昨年4月に「三重学術出版会」をつくった

1997年9月16日；武村泰男学長へ三重大学出版会の設立を請願

〃10月；武村泰男学長から評議会へ三重大学出版会設立の報告

〃12月2日；三重大学出版会設立発起人会の発足

　1998年1月28日；三重大学出版会設立記念式典

〃4月24日；大学出版部協会に加入認可

〃4月24日;毎日新聞…大学出版部、新設の動き活発化…"手作りの三重大"として紹介

4 ステップ‐三重学術出版会－

　この会は本来が三重大学出版会(仮称)を目指して、平成4年12月以来数カ月の検討の結果誕生し、具体的な出版の方法と実際がこれからとなっている。そのため設立の日を記念して、石井彰国際書院社長にお願いし、「売れる本の作成過程」の演題で講演を聞き、出版界の状況の良い学習となった。

　また、平成5年1月には東京大学出版会・山下正専務理事(大学出版部協会副幹事長)を会の代表者が訪れ、指南を受けた。3年前の平成2年2月にも同氏を訪ねご指導を得ている。さらに三重学術出版会が軌道に乗った平成9年1月にも同氏を訪ねて懇談し、助言を受けている。

　出版は初年度に6点を発行した。自主出版を中心に進行し、最初の目標をすこし上位の成果であった。第2年次からは出版の点数が次第に増大した。これが全国の大学出版部協会の知ることになり、平成6年2月に朝日新聞の文化欄(全国版)で、…大学出版会、個性で勝負…の見出しで報道され、その一部に、三重大学では出版会を作る前段階として昨年4月に「三重学術出版会」を作ったと記されている。以後、出版点数は年次を追って増えて、平成9年には30余点に達するようになる。

　そこで同年9月に武村泰男学長へ三重大学出版会の設立を請願するに到った。ついで同年10月には武村泰男学長から評議会へ三重大学出版会設立の報告がなされている。それによって出版会の設立が可能となった。

平成10年1月に三重大学出版会設立記念式典が開催され、4月から実務に入る予定にあ

る。そして早速同年2月に念願の大学出版部協会に加入の申込みをする。この時、三重大学は矢谷隆一学長に移行しており、申込み書類は新学長の会長名で作成し提出した。

　省みれば、私共は出版会を目標として、助走時代の3年は井沢道学長、ホップの時代の5年は武田進学長、ステップ時代の5年は武村泰男学長、更にジャンプ時代には矢谷隆一学長と4代の学長に支えられて此処まで辿りついた。

　長年にわたり目指して来た大学出版部協会加盟への"道"は2か月後の4月下旬に迫っている。しかし、三重大学出版会事務所の部屋の交渉に走り、その部屋内部の用具、調度品、電話等とその位置設計案に追われる日々にある。更に3月に入ると大学出版部協会の関連する出版の分野等から問い合わせと、関係する記事に対応することとなる。これ迄の13年にわたる果てし無い"夢"が現実に迫って来ている。

5 ジャンプ‐大学出版部協会加盟

　平成10年4月には大学出版部協会の総会が開催され、ここで三重大学出版会の提出書類が審査され、総会にかけられて決定するという。同年4月中旬に総会の案内状が届いたが、未だ会員では無いために、会員の審査する際には中座する様にとの事であった。私は三重大学出版会を代表して総会の出席を返信した。更に総会の後に懇親会が開催される予定にある。平成10年4月24日13:00より大学出版部協会総会は東京ガーデンパレスで開催された。当日には大阪大学出版会が準会員から会員へ昇格の件と三重大学出版会の準会員の件が総会で承認決定を得た。

　これからの新たなるジャンプの熱意が今後の展開を支え、継続的な取組みによる成果が会員への道を開くであろう。総会における準会員の承認後、私共は新会員・準会員の挨拶をし、さらに同会場における懇親会で大学出版部協会の多くの関係者と交歓をした。

　平成10年4月24日の毎日新聞(夕刊)は大学出版部の現状を大きく取り上げ、7段抜きの大見出し「新設の動き活発化」として報道している。その最初に"手作りの三重大"となっており、国立としては旧帝大7大学以外では初の設立として取り上げられた。これが全国版の紙面であるがために、文部省と大学事務局に関連し、三重大学出版会の事務室決定が早急に進展する連びとなっている。
三重大学出版会は大学に拠点を置く組織ネットワーク型のボランティアとして活動しているが、今後の課題は事務所の開設と維持、在庫管理等の実際の業務体制作りである。更に、地方の大学として人材を生かした組織の活性化、制作と販売の改善に取

り組む予定である。三重大学出版会の案内公報をここに紹介する。なお現在は大学出版部協会準会員として、同協会の活動に協力を開始している。今後は三重大学出版会の実務組織と整備を待ち、同協会に本格的な取組が出来る時まで、十分な能力を蓄える時期と痛感している

　　　　　安達六郎「三重大学出版会への歩み」（春秋21号、三重大学春秋会）

「津城の石垣」（春秋 42 号）

出版会社長職の3年 (2005-2008)

川口元一

　私が三重大学出版会社長として在任したのは、2005年5月総会から2008年5月総会までの3年間でした。初代社長武村泰男先生に次いで、第2代です。この稿では、三重大学出版会が殆ど倒産の危機に瀬していた時期の記憶を中心に書くことに致します。

　2005年3月、出版会経営に関わるよう私に話を持ち掛けたのは、当時の編集長阿閉義一先生でした。以前の同僚だった阿閉先生の懇請を受けて、私はさして考えることもなく受諾の返事をしました。その後、理事の濱森太郎先生、高井宏之先生、営業担当専従職員のHさんにお会いして概略の説明を受けたのち、5月中旬に初めて編集会議にオブザーバー参加をしました。この会議では、5月末に開催される出版会総会の準備をしました。当時の日記を見ますと、「思いのほかに、出版会の経理の先行きには不安がある」などと書いており、懸念を抱きながら、この総会で代表取締役社長に就任したようです。

　何も分からないまま社長になった私でしたが、総会資料の中で収支が相当な赤字を出していることに驚きました。また、予算案が無いことにもびっくりしました。6月には持病の進行した阿閉編集長が長期入院され、報告を兼ねて数度病床を訪ねました。阿閉先生はその後回復することなく、翌年3月に逝去されます。先生は私の就任以前に総括的に出版会運営に携わってこられましたから、先生の入院は従来の運営状況を理解するのに大きな損失になりました。私は出版会の資金状況を知るため、素人的ですが家計運営の感覚で、銀行預金残高を理解することから始めました。後に2006年初頭には経理担当理事の石黒覚先生にお願いして、出版会設立当初からの銀行預金残高値を貰い、図示しました。それが次頁の図の2005年末までの部分です。以後毎月、私は預金残高を入力し、この図を睨みながら在任期間を過ごすことになります。

この年の7月の私の記録には、財政は既に危機的状況にあるとして、私は濱理事（新編集長）と石黒理事（経理）と出版会事務所で相談したことが記されています。社長就任直後でしたが、私としては立て直しの必要を強く感じ、方策の模索を始めたときでした。当時の事務所は（旧）三重大学図書館3階にあり、職員のHさんが職務をしていました。私は既に年金生活者となっており時間が自由になりましたから、出版事業を覚えるため、しばしば事務所に出入りして、外部対応などのHさんの仕事を眺めておりました。商売のことは未体験でしたから、大層新鮮でした。ところが、11月に入ってからHさんが欠勤するようになり、事務が滞留し外部対応に支障を来たしまし

た。高井理事（総務）、濱理事と相談して、対応策を取ったことが日記に記録されています。出版会の資金不足は明らかでしたから、職員に見切られるのも当然だったのかも知れません。しかし、唯一の専従職員の長期欠勤ですから、組織運営上は大騒ぎになりました。その結果、実際には、外部対応も含めて事務室機能の多くを主に濱理事に、一部を高井理事にお任せせざるを得なくなりました。私も含めて、理事さんたちが交代で事務室に詰めたこともありました。アルバイトの学生諸君にも助けられました。

　2006年1月には、石黒理事から、資金は減少して新規出版が危ぶまれる水準に近づいていると警告を受けました。私は、「今後の展開次第では店仕舞いもあり得るものとして覚悟を決めた」と、日記に書いています。それは、上図で預金残高が最小値

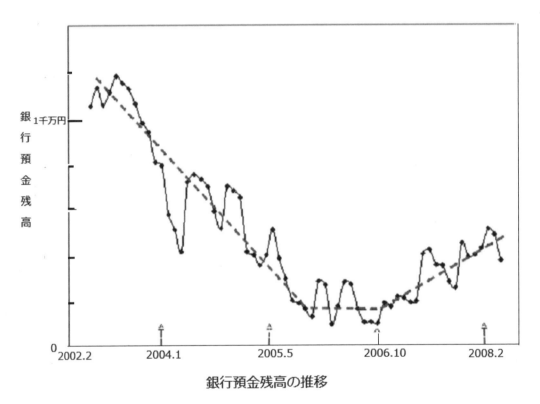

銀行預金残高の推移

に差し掛かった辺りの時点でした。図の鎖線は、大雑把に言って、預金残高の回帰直線に近い直線です。図の示すように、残高は創設後わずか数年で底をつくほど目減りしました。直線を外挿延長すれば、倒産時期が予測できます。後になって考えれば、急速な資金減少の原因は、設立立ち上げ当初の過剰消費、市場調査不足からくる出版点数見通しの甘さ、人件費等の固定費の重さなどで、武家の商法と言われても仕方がない振舞いだったのでしょう。しかし、2006年当初の時点では後ろを振り返る余裕はなく、理事会と私は、倒産を避け転回を図ることに懸命になっておりました。

　2006年2月末には、石黒理事から「遂に資金枯渇のピンチが来た」と報告があり、

16

行き詰まりを回避するため暫定資金調達の必要に迫られました。この頃から数か月の理事会の動きは激しく、その中には後に出版会運営の動向に影響する転回点がありました。

　3月初めから、私は濱理事、高井理事、石黒理事と財政策に関して相談を始め、新出資の受入れによる暫定資金獲得と経営方針の刷新を決めました。直ちに、取締役会長武村泰男先生を鈴鹿国際大学学長室に訪ね、状況を説明し、今後の協力を要請しました。武村先生は、その後、公務の傍ら数度にわたり理事会に出席され、また、私とともに豊田三重大学長を訪ねて出版会への支援を要請されました。

　2006年3月から6月の出版会総会にかけて、理事の間では経営の在り方について、ラディカルな意見を含め、様々な激しい議論がありました。しかしながら、結局、落ち着いたところは、割合に穏健に“節約の大幅強化”の方針でした。すなわち、余計な飾りの一切をはぎ取って必要不可欠な支出に絞ることにしました。この方針に沿って、経理担当の石黒理事が見事に厳しい予算案を作成され、総会でも承認されました。これは、前出の預金残高図では、残高値が最低の時期に当たります。図の示すように、残高値はそれ以降増加に転じ、浮上・回復を期待できるようになりました。この間、予算の作成と実行を担った石黒先生の功績は大きなものでした。2008年5月に私が社長を辞した後、出版会経営は低空飛行ながら十分に浮揚して安定状態に推移したと思います。その基礎を作ったのが、石黒先生の予算案とその精神と言って過言ではないでしょう。

　経営方針が定まった後は、私は経営数値への気配りと時々オフィス当番を勤めるほかにはたいしたことはせず、代わりに出版会ホームページ運営の手伝いを始めました。ホームページは初代理事の阿閉先生が院生に依頼して作成し、阿閉先生が運営していたと聞いています。HPの基本デザインは現在も同一で、よくできています。阿閉先生が病床に就きホームページの更新が滞るようになったため、私が俄かにHTML言語のおさらいをして、新刊やニュースの更新に努めるようになりました。おかげで、ウェブ制作に関し一通りの勉強をする機会を得ました。

　辞任後は、HP運営は私から理事会に移りましたが、2013年頃からHPの形の崩れが頻繁に起こっていることに気が付きました。この崩れは、HP創設当時に於いて、HTML言語（4.01版）の典型的なページ構成手法を過度に多用していたことに原因がありました。この問題を解決するため、新しくHTML5版とスタイル言語CSS3でHPを構成し、HPの簡素な構造化を図るよう、濱編集長に申し入れました。実際には、その方針の下に、私がHPの基本構成を書き換え、2015年11月に濱先生にお渡ししました。以降、2019年現在まで、出版会HPはこの構成（HTML5+CSS3）により運用されています。

たった3年の社長業でしたが、思いがけずいろいろな経験をしました。その中には、オフィスで一人電話番をしているとき、書店から掛かって来た電話の業界用語に戸惑うなど、出版社員としては冷汗ものだったこともありましたが、今にしてみると懐かしい思い出です。その間、上にお名前のでた方々のみならず、今井奈妙理事（医）、尾西康充理事（人文）、金子聡理事（工）、須曽野仁志理事（教）の皆様からも、同僚として、厚いご支援とお心遣いを賜り、愉快に過ごさせて頂きました。また、後任社長を勤められた鎮西康雄先生やボランティアで編集活動を務められた方々によって、出版会は安定した運営の軌道を辿ることになりました。おかげさまで、現在に至るまで営々と学術出版の実績を重ねることができました。改めて、皆様方に厚く御礼申し上げたいと思います。

「一身田寺内町黒門跡」（春秋 39 号）

再建準備期 I ―株式会社初年度 (2003-2007)

濱　森太郎・鎮西康雄

株式会社初年度の躓き

　2003年は任意団体三重大学出版会が㈱三重大学出版会と名乗り始めた年に当たる。任意団体の三重大学出版会は、当初から利益を第一とする営利団体ではなく、収支の均衡を目指して運営する「出版互助会」として運営されていた。このため出版会自身が持ち込み原稿に対して修正や改善を強くお願いする事はなかったし、製本やデザインについて注意を喚起する事もなかった。会員が出版会に持ち込む原稿が、著者が望む書式に従って教科書化し、書物化して、著者が望めば流通経路に流していた。その営業には収支や損益は有ったが、経営らしい経営は無かった。図書がまだまだ支障なく売れる時代だったからできたことである。この時期のことを理事会では「パストラル（牧歌）」の時代と読んでいる。

　だが任意団体のままでは信用力が弱く、取り次ぎから正規の出版会と認められない。1990年代にピークを記録した図書は、年率３％の速度で売り上げが減少する事態に備えて、取り次ぎ書店は取り次ぎ窓口の開設を絞り込み始めていた。この絞り込みを回避する手段として株式会社が考案され、実行された。取り次ぎ書店と交渉して取り次ぎ口座を開設しなければ、正規の流通ルートに書籍が流せない事態になるからである。

　任意団体の管理者である理事会メンバーは、当初、株式会社化を解決すれば、小社の図書は流通ルートに並び、書店の店頭に陳列されて、売れる筈だと安直に考えていた。営業部長から提出された2003年度の報告書は、営業部長がいかに苦心して販路開拓に励んだかが報告されている。取り次ぎ開拓・販売店開拓・広告宣伝・大学出版部対応・日本修士論文賞開設と、通常の地方小出版社設立に伴う営業努力をほぼ全て実行したことが記されている。このため控え目に言っても、この後に起こる三重大学出版会の経営難は、営業努力の不足が招来した経営危機ではない。通常の地方小出版社を立ち上げようとしたこと自体が経営危機を招来しているからである。

　しかもその経営危機は営業部長一人の営業努力ではいかんともしがたい景気後退に立ち向かう努力に重なっていた。出版業界自体が構造不況業種となり、大方の出版社が構造不況業者に成り代わっていくことを折り込んだ新規の経営戦略が不在だったのである。

2003年度営業報告 2004.5.25 営業部長 原 正幸

　2003年度の報告事項としては、大項目として4点在ります。

■出版図書取り次ぎ

・流通ルート委託販売　3点

・注文販売　1点

・教科書販売・注文販売　1点

■取次ぎ店開拓

　・㈱大阪屋　2003年9月口座開設　各40部委託配本

　・㈱トーハン 2003年9月口座開設　各700部委託配本

　・栗田出版販売㈱　2003年9月口座開設　各40部委託配本

　・㈱太洋社　2004年3月9日口座開設　「食育のための面白栄養学」200部委託配本

　・日本出版販売㈱　2003年9月口座開設交渉開始　現在交渉継続中

　・地方小出版流通センター　「一攫千金・新税（注文販売）・　食育（40部委託）

　■販売書店開拓

・東京　　　　　　　紀伊国屋書店、三省堂、八重洲ブックセンター等　　22書店

・神戸～大阪～京都　ジュンク堂、紀伊国屋、旭屋等　　　　　　　　　24書店

・名古屋　　　　　　三省堂、正文館書店、三洋堂等　　　　　　　　　 9書店

・三重　　　　　　　別所書店、県庁第二書房等　　　　　　　　　　　16書店

　　　　　　　　　　　　　　　　　計　　　　　　　　　　　　　　71書店

■大学出版部協会への対応及び広告宣伝

　大学出版部協会への対応

・東京大学出版会での研修。　　　　　　　　　　　「8月1日～8月10日」

・北海道での夏期研修会及び営業部会に参加。　　「8月21日」

・北海道での日・韓・中の合同セミナーに参加。　「8月22日～23日」

・京都での関西支部編集会議に出席。　　　　　　「10月10日」

・東京大学出版会編集局長 竹中氏三重大学来訪。　「10月11日」

・大学出版会40周年感謝の会スタッフ参加。　　　「12月5日」

・各大学生協フェアーに出展。慶応・東京大学・九州大学・京都大学等

■広告・宣伝

・第二回修士論文募集に際しカタログ及びポスターを全国図書館及び書店へ配布。

・三重大学出版会のホームページへの掲載。

・大学出版部協会の主催するカタログ配布ネットワークへの参加。

・取次ぎ店（トーハン）のネットによるチラシ1000部の配布。

・全国図書館との見計い出荷の確立。

・主だった書店への三重大学出版会のカタログ及び新刊本の営業。

・新聞及び業界新刊カタログ案内への掲載。

■日本修士論文授賞式の報告

日　時　　平成15年11月4日　　13：30〜17：00

場　所　　東京神田　学士会館

出席者　　プレス関係者　　6名　　　（朝日新聞・読売新聞・東京新聞等）

招待者　　9名　　　　　　　　　　（取次ぎ店・有名書店・広告代理店等）

受賞者　　7名　　　　　　　　　　（斎藤・筒井・古平氏の家族含む）

出版会　　3名　　　　　　　　　　（武村社長・林英哲氏・高橋忠之氏）

行　事

記者発表　・武村社長より㈱三重大学出版会の発足の経緯及び修士論文賞の意味等発
　　　　　　表していただきました。

　　　　　・日本書籍出版協会専務理事山下様から出版業界の現在の在り様を話して
　　　　　　いただきました。

　　　　　・㈱三重大学出版会、高井から修士論文大賞選定の詳細等説明し、記者か
　　　　　　らの質疑に応えました。

　　　　　・三者の記者質疑応答を行い、著者の意図をプレス関係者に伝えました。
　　　　　　「特に朝日新聞・東京新聞からは熱心に質問を頂きました。」

授賞式　　・斎藤・筒井・古平氏に武村社長より、表彰状及び賞品目録が授与された。
　　　　　　ご家族の嬉しそうな又誇らしげな顔が、思い出されます。

懇親会　　・大学出版部協会から東京大学出版会の編集局長竹中氏より㈱三重大学出版
　　　　　　会の趣旨に対して応援のメッセージをいただきました。

　　　　　・ピアノ、オーボエのバックミュージックの流れる中、穏やかに会話及び軽
　　　　　　食を取りながら名刺交換等が行われ17：00終了となりました。

未来は闇に見えた

　2003年度期末に営業成績が上がらなかった事もあり、同2004年5月総会に提出された編集報告ではその原因を1，例年収益源となる教科書出版が次年度にずれ込んだこと、2「新規のマーケットへの進出に当たるため、図書の制作・販売は必ずしも期待される水準には達しなかった。また、大手取次からの返品、在庫が多くなったことは懸念材料となった」と報告されている。

　　2003年度編集報告　　2004.5.25　編　集　長　阿閉義一・濱 森太郎
　　2003年度は4点の書籍を刊行し、出版点数で80点に達した。
　編集手順の遅れから図書の発行が次年度にずれ込んだせいで、例年多数を占める教科書の出版はなかった。発行された4点の内、「79.お話電気学」（自費出版）を除いて、いずれも一般マーケットを対象とした商業出版となった。そのうち、「77.一攫千金の夢 ¥1,500 筒井 正」、「78,新税 ¥1,500　斎藤 武史」は、日本修士論文賞の大賞受賞作、「80.食育のためのおもしろ栄養学 ¥ 940 樋廻 博重」は一般啓蒙書に当たる。（中略）
　　一方、制作手数料しか支払われないいわゆる「名義貸し」図書を三重大学出版会が販売するケースは今年度はなかった。これは、「81.物理学実験(A5 95頁) ¥1,600 阿閉義一他」以下の教科書発行が編集作業の遅延から2004年度にずれ込んだこと、また、「82.シミュレーティブ力学(B5 231頁) ¥1,700 松永守他」「83.Mechanical Engineering(A4 156頁) ¥1,995 鈴木 実平他」の2冊を著者の希望により、出版会の直接制作に切り替えたことによる。なお、この「名義貸し」では、市販する図書の販売代金の50%を出版会の収入としている。1000円の図書の場合、卸売価格600円でその卸価格の50%（300円）に見るとおり、これは送料充当分を回収するための比率設定である。
　　また、2002年度(㈱三重大学出版会の初年度)に行った教科書出版の際の著者による買い取り保証は、2003年度以降も継続する。

手探りの再建軌道

　2004年度に入ると、第65回理事会（2004年6月15日）では「経費節減の方策が検討された。」同第66回理事会（2004年7月27日）では、「出版販売計画の戦略が検討された。」と報告されており、赤字対策が動き出したことが分かる。なお2004年度は武村泰男社長の退任（鈴鹿国際大学長として転出）し、川口元一社長が就任して、赤字体質の改善に取

り組む年に当たる。このため2004年度総会では、キャッシュの減少を隠さない、その原因を必ず明示」する、総会の運びを粛々と行うため、万全の総会準備をすることを周知して総会を迎えた（2004年度三重大学出版会年次報2005.5.2）。結果的には高井宏之理事（工学部）を責任者とし、各理事が分担する職務・時間配分・議事進行が明示されて、以後の総会の見本となるほど手堅い総会運営が出現した。

2004年度会務報告2005.5.24　会務担当理事　高井宏之

Ａ：会議議事録報告（抜粋）

第64回（５月１８日）

・総会実施に関する提出資料と報告内容、進行手順等の検討が行われた。

・第２回日本修士論文賞の応募状況、及び審査方法の検討が行われた。

第65回（６月１５日）

・経費節減の方策が検討された。

・新規就職者の勧誘方法、会費不足者の取り扱い方法の検討が行われた。

第66回（７月２７日）

・出版販売計画の戦略が検討された。

・第２回日本修士論文賞の受賞選考会議の結果が報告された。

・中井直也理事（医学部）の転出に伴う理事退任の見込みが報告された。

第67回（９月21日）　第68回（10月19日）第69回（11月16日）記事略

第70回（12月21日）

・第１回日本修士論文賞受賞作品（３冊目）の出版販売戦略の検討が行われた。

第71回（１月18日）第72回（２月15日）第73回（３月15日）第74回（５月17日）記事略

Ｂ：人事報告

・武村泰男代表取締役が取締役会長となり、川口元一氏が代表取締役社長となった。

・医学部中井直也理事が転職の為退任となった。

・須曽野理事（教育学部）の３月からの半年間の米国出張

・尾西康充（人文学部）が理事となった。

・生命科学研究支援センター　武村政春氏が会員となった。

2004年度三重大学出版会年次報　2005.5.2三重大学出版会総会：講堂小ホール

１．2005年度目標とその達成度

　１）20冊、平均販売点数500冊を実現する。

7点の書籍を刊行し、出版点数は95点に達した。
　　一般市場向け図書3冊（『おもしろ栄養学』『日本テレビ』『海上の森』）は著者の買い取りもあり、いずれも500冊販売の目標を越えた。
　（中略）
4）非常勤職員を採用し、業務にあたったが、病気療養のため、2005年10月末に退職した。後任は未定。付属図書館内の出版会事務所には、理事が交代で詰めることで、急場をしのいでいる。（中略）
7）その他の経営改善について
　　預金残高が100万円以下（898,000円　2004/3/14）に　なったため、運営資金の不足を補うために兼ねての申し合わせ通、経営責任を持つ常務理事が100万円を新規に出資した。
　　【備考】預金残高、2003/3/14→3,586,271円　2004/3/14→898,000円。

今期手持ちのキャッシュが約269万円減少した原因は以下の5点となる。
1）前年度発行しながら、印刷費の支払いが2005年度にずれ込んだものが約200万円支出された。
2）残る69万円のキャッシュの減少は、後の経理報告で説明があるように、出版販売収入が2004年度に比べて98万円減少したことによる。
3）在庫は約150万円分増加したが、先の『日本テレビ放送網構想と正力松太郎』以下受賞作出版事業の不振が主な原因となる。
4）出版販売収入が2004年度に比べて98万円減少したもう一つの原因は、出版予定の『沖縄の方言札』にキャンセルが生じたこと、『赤潮』の著者の病気療養が生じたこと、『野ざらし紀行』（編集中）、『猿の文化史』（編集中）が編集者の体調不良によって今年度にずれ込むなどのトラブルが相次いだことによる。
5）今年度にずれ込んだ『野ざらし紀行』（編集中）、『猿の文化史』（編集中）については140万円の収入見積りとなる。
今回、三重大学出版会の預金残高が100万円を下回った点に配慮して、今後これを繰り返さないために、経営費を節減し、来年度以降、節減結果を検証する。

再建準備Ⅰ─キャッシュ減少と理事会

キャッシュ減少の原因

　こうして2004年度、キャッシュの減少が顕著になり、収支均衡を目指す互助会形式の経営が怪しくなると、否応なくその先を見るようになる。ところが安直に先が見えるところには、落とし穴も控えている。

　出版業が衰退し始めた現状では、持ち込み原稿をいきなり製本出版しても間違いなく図書は売れない。図書売り上げの1/2減少にも関わらず制作費は高止まりしている。今回のキャッシュ減少の主因は、一見、日本修士論文賞の受賞作にこの互助会方式を適用したことにありそうに見えるが、それは誤りだ。背後には三重大学出版会が抱える本来的な経営課題が控えているからである。

　1、受賞作の原稿価値を早期に引き上げる必要があるが、博士前・後期課程の新
　　設により、修士論文作成に注ぎ込まれる学生のエネルギーは急速に低下し始め
　　ている。

　2、図書制作経費を1/2に切り下げ、500冊売るための努力を続ける必要がある。
　　そうでなければ日本修士論文賞は当分の間、「お荷物扱い」されることになる。

　3、これまで積み上がってきた返品在庫を減価償却する必要がある。このままで
　　は在庫資産が拡大し、その不良資産が経営（主として赤字）の「見える化」を妨
　　げる。

　4、手作業に近い現状の経理では、緊縮経営の基礎になる予算作成の手間が嵩み、
　　経理専属の人員配置が欠かせなくなる。平日の経理作業は１日１時間以内で終
　　了する簡便な出版事業専用の経理システムを作成する必要がある。

　こういう根本的な経営課題を解決する事無しには、この出版会は健全化しない。出版会の経営は社長・理事の善意の努力に頼ることになり、三重大学出版会の経営は低迷する。それは教官個々人の出版意欲と出版努力とに依存する素朴な互助会型の出版会の終わりである。加えて、教官個々人を全国区のプレーヤーに押し上げるツールとしての「夢の出版会」を持つ大学になる試みの中断を意味する。

　2004年度、理事会の司会を努め、議事の取りまとめをしたのは阿閉義一理事（工学）・高井宏之理事（工学）・中井直也理事（医学）・石黒覚理事（生資）・川口元一社長（教育）・尾西康充理事（人文）の各メンバーで、会務担当は高井・中井両理事が努めていた。この２人の内、高井理事が作成した第２回総会（2005年5月）のマスタープラン（第6案）が残っているので、後に引用する。このマスタープランが同じく工

学部の森理事・金子理事に引き継がれて、安定した総会運営・組織運営の基礎となるプランとなる。厳しい経理、財務上のキャッシュの減少にも関わらず、出版会組織はかえって健全に運営され始めていた。

　素人の集団が運営する理事会には、さまざまな欠陥が持ち上がる。出版会の運営に限って言えば、欠陥の第1は、皆が経営の現状を明瞭に把握できないこと、第2は経理資料を系統的に整理・点検して行う適正な経理報告ができないことである。まずは、預金・売り上げ・返品・入金・出金・仮払い・未払いを確実な記録に基づいて月1回点検して押印し、理事会に報告する必要がある。

　主として経理上のこの課題を解決するために、出版会の売り上げ・返品・入金・出金・仮払い・未払いを一括記帳し、経営資料として編集した上で、所定の書式で即座に出力する専用システムを設計する必要があった。このシステムを「出版会システム」と名付け、検討し始めたのは2005年度である（後述する）。この「出版会システム」が稼働することで、出版会は事務職1名、編集者1名で大過なく運営できる体制を整えることになり、各理事の仕事は、売り上げ・返品・入金・出金・仮払い・未払いをデータとして出力し、確認し、押印して理事会に報告するところまで軽減される。このため、2006年度・2007年度・2008年度とデータの蓄積が進むに連れて、出版会は表向きは安定し、出版会総会は堅実な理事達が運営するちょっとしたお祭り気分の集会に変わった。「神は天上にあり。なべて世の中は事も無し」（ブラウニング）という仕合わせな数年が出現した。

　2004年度、理事会の議事進行をリードするのは会務担当理事の仕事で、具体的には高井宏之理事がこの任に当たっていた。この高井理事が作成した第2回総会（2004年度）のマスタープラン（第6案）が残っているので、ここに引用する。

2004年度 三重大学出版会 総会（案）その6　　　　　　　050519 高井
■日時 2005年5月24日（火）17：30〜18：30　三重大学三翠ホール・小ホール
■次 第
1．開会
・高井理事:出席者数と委任状数の報告及び合計が会員153名の過半数との報告。
・武村出版会社長より開会の挨拶、総会の司会進行。
・規定により司会者の確認。
　1）司会者「例年は編集長の寄付で、バンケットスピーチ形式で総会を締めくくっていたが、今年度は編集長が病気入院したこともあり、そこまで手が回りませんでした。悪しからずお許し下さい。」と断り。
　2）規約確認（今年度は特に変更無し）

２．年次報告・・・武村（出版会社長）◎　ｃｆ．作成：濱

３．事業報告

　１）会務報告・・・高井（会務担当理事）

　・会議議事録報告

　・人事報告：社長の交代、中井理事の退任、尾西理事の就任、会員名簿の確認

　・川口元一新社長の挨拶

　・尾西理事の挨拶

　・新入会員の紹介・・・本年度は「生命科学研究支援センター　武村政春氏の1名」

　２）営業報告・・・原（営業担当職員）

　出版図書

　・取次店及び販売書店の開拓

　・大学出版協会への対応及び広告宣伝

　・日本修士論文賞の授賞式の報告

　３）経理報告・・・石黒（経理担当理事）

　　　科目別集計

　・前期比較決算書

　・決算報告書

　４）編集報告・・・阿閉（編集担当理事）　ｃｆ．作成：濱

　・新規出版分

　５）監査報告・・・藤城（監査役）

　・コメント

４．閉会・・・武村社長（以降、高井が司会進行）

５．講演：鎮西康雄氏（三重大学医学部教授）

　　　「マラリアの感染防御をめざして」

６．閉会・・・高井

　・武村社長の挨拶

この直後に（株）三重大出版会取締役会を開催し、「定時株主総会議事録」「取締役会議事録」作成（実印の押印等）。

■その他の添付資料

１）会員名簿　→　高井

２）出版目録　→　原

■事前準備

１）高橋、林、藤代、及び編集会議メンバーへの連絡

→ 高井より、高橋氏＝ＯＫ、林氏＝ＯＫ、藤代氏＝ＯＫ

→ ※高橋氏へ事前案内 → ★高井

２）高橋、林氏の宿泊確認 → ★高井

３）同上 ホテル手配・支払い【未】 → ★原

４）講演者の選定、機材の調達・準備・調整 → ★高井（ＰＣ：ご持参、プロジェクター：高井）

５）会員への総会案内、出欠確認、委任状収集 → ★高井

６）上記の各資料作成、集約・コピー → ★原　ＣＦ受付用リストの作成（高井→原）

７）監査役の確認・印 → ★石黒

８）アルバイト手配 → ★濱（２名＝受付、連絡役）

９）支払準備 → ★石黒（高橋氏：５万円、林氏：５万円、鎮西先生：5000円、アルバイト２名：？）

10）案内表示作成（２ヶ所？） → ★尾西

11）展示用の修士論文賞の準備 → ★高井

12）鎮西先生ご略歴作成 → ★高井

■総会当日

１）開場・・・16：30（高井）

２）準備・・・16：30〜17：30

　　1)会場机レイアウト＝石黒、アルバイト

　　2)受付セット＆書籍の販売セット＝原、柳

　　3)次第掲示（２箇所の入り口に表示？）＝尾西

　　4)修士論文賞セット＝尾西

　　5)ＰＣ等機材セット＝高井

　　（プロジェクター持参、ＰＣのジャックの形状により走り回る？）

　　6)他？？？

３）実施・・・17：30〜18：30

４）片付け等・・18：30〜19：30（施錠＝高井）

　　1)取締役会開催・「定時株主総会議事録」「取締役会議事録」作成＝武村、高橋、林、川口、石黒

　　2)アルバイト支払い＝石黒より尾西に手渡し領収証を回収

　　3)高橋氏、林氏の送迎（タクシー手配）＝高井

4)書籍等の持ち帰り＝原＋アルバイト

　　5)机レイアウト現状復帰、水周り確認、施錠＝高井、尾西、他

■事後フォロー

1）鍵返却＝高井

2）議事録作成＝尾西

キャッシュが減少する経営環境

　2005年度を展望する「2004年度三重大学出版会年次報告2005.5.2」ではキャッシュの減少の対策が始まったこともあり、楽観的な報告が行われている。年間「20点」の図書刊行、「平均販売点数500冊」、いずれも今になってみれば過大な目標が掲げられている。「一般市場向け図書３点（『おもしろ栄養学』『日本テレビ』『海上の森』）は著者の買い取りもあり、いずれも500冊販売の目標を越えた。」とある。実際の処、すでに年間３％の縮小産業になっていた出版業界の、増して地方小出版社である三重大学出版会には望外の目標と云うべきだが、実際、出版希望者は多く、特に教科書は、2004年度（2005年４月）まで含めて数えれば、４点出版されていた。2004年度中を目途に出版を準備していた図書は７点になり、この７点を加えれば、すでに「出版点数は85点に達した。」と報告されるのも事実である。少なくとも三重大学出版会が眺める「現実」の中では、会員はまだ陽気で意気軒昂だった。自分たちが見る「現実」が折から進行する出版不況のせいで急速に現実離れしていく事に対する「備え」はまだ出来ていなかった。

　しかし組織上、堅実になってゆく出版会理事会の現実は、経営資源としてみれば価値あるもので、人的にはまだ大きな余力を生み出していた。そしてその余力がある内に次の手を打つ必要があった。ここにはまだ余力があった頃の総会報告（年次報告）と同総会の議事録とを抜粋して掲載する。またこのシナリオに従って運営された総会の議事録も保存されているので、併せて掲載する。

2004年度三重大学出版会年次報　2005.5.2三重大学出版会総会：講堂小ホール

　１．2005年度目標とその達成度

　　１）20点、平均販売点数500冊を実現する。

　　　　７点の書籍を刊行し、出版点数は95点に達した。

　　　　一般市場向け図書３点（『面白栄養学』『日本テレビ』『海上の森』）は

著者の買い取りもあり、いずれも500冊販売の目標を越えた。（中略）

4）非常勤職員を採用し、業務にあたったが、病気療養のため、2005年10月末に退職した。後任は未定。付属図書館内の出版会事務所には、理事が交代で詰めることで、急場をしのいでいる。（中略）

7）その他の経営改善について

預金残高が100万円以下（2004/3/14→898,000円）に なったため、運営資金の不足を補うために兼ねての申し合わせ通、経営責任を持つ常務理事が100万円を新規に出資した。

【備考】預金残高、2003/3/14→3,586,271円　2004/3/14→898,000円。

※キャッシュが前年比で約269万円減少した原因は以下の3点となる。

1）前年度発行しながら、印刷費の支払いが2005年度に連れ込んだものが約200万円2005年度に支出された。

2）残る69万円のキャッシュの減少は、後の経理報告で説明がありますように、出版販売収入が2004年度に比べて98万円減少したことによる。

3）在庫は約150万円分増加したが、先の『日本テレビ放送網構想と正力松太郎』以下受賞作出版事業の不振が主な原因となる。

4）出版販売収入が2004年度に比べて98万円減少したもう一つの原因は、出版予定の『沖縄の方言札』にキャンセルが生じたこと、『赤潮』の著者の病気療養が生じたこと、『野ざらし紀行』（編集中）、『猿の文化史』（編集中）が編集者の体調不良によって今年度にずれ込むなどのトラブルが相次いだことによる。

5）今年度にずれ込んだ『野ざらし紀行』（編集中）、『猿の文化史』（編集中）については140万円の収入見積りとなる。

今回、三重大学出版会の預金残高が100万円を下回った点に配慮して、今後これを繰り返さないために、経営費を節減し、来年度以降、節減結果を検証する。

第2回（2003年）三重大学出版会総会 議事録　（作成：中井）

日　時：2004年5月25日（火）17:30～18:30

場　所：三重大学三翠ホール、小ホール

出席者：取締役：高橋忠之氏、高橋英哲氏、監査役：藤城郁哉氏、会員：13名、（委任状：86通）

1．開会

・中井理事より、出席者数と委任状数の報告、及びこれらの合計が会員200名の過半数となっていることの報告があった。

・武村出版会社長より開会の挨拶があった。

2．年次計画・・・武村（出版会社長）・承認された。

3．事業報告

　1）会務報告・・・中井（会務担当理事）・ 非常勤職員原氏の採用、中井理事の決
　　　定が報告され、承認された。

　2）営業報告・・・原（営業担当理事）・出版図書、取次ぎ店および販売書店の開拓、
　　　大学出版部協会への対応および広告宣伝、日本修士論文授賞式について報
　　　告され、承認された。

　3）経理報告・・・石黒（経理担当理事）・承認された。

　4）編集報告・・・阿閉（編集担当理事）・承認された。

　5）監査報告・・・藤城（監査役）　　　・ 承認された。

　（中略）

5．講演：豊田長康氏（三重大学学長）

　「本がうれるように小さな工夫から始めてみよう」と題し、講演が行われた。

6．その他・総会終了後、隣接会場にてパーティが行われた。

キャッシュ減少後の理事会

　三重大学出版会理事会に余力がある内に手を打つ必要がある事柄の第1は、売り上げ・返品・入金・出金・仮払い・未払いを各理事が月1回点検して押印し、理事会に報告すること、第2はそれを即座に掌握して所定の書式で出力する独自のシステムをつくること、第3は経理資料を系統的に整理・点検して会計士に引き渡し、適正な経理を実現すること、第4は、損益を曖昧にする主因である「在庫評価」を明示し、減価償却することで、キャッシュの動きを分かりやすく明示すること、第5は、売り上げの減少に備えて、図書の制作原価を出来る限り切り下げること、第6に日本修士論文賞の原稿価値を引き上げるために、加筆や再提出を認めるなど、仕組みの改善を図ること（受賞者無しも可とする）などがあった。

　主として節約経営以外に分類される経営基盤の確立と言えば分かり易い。その意味で云えば、2005年度は、経営改善の初年度であって、後に見るとおり入り口に立ちながら前途が見通せない「夜明け前」と云うことも出来る。

　出版会理事会の経営姿勢は相変わらず強気で、2006年度には赤字基調の経営にも改善の兆しが見えていた。そのせいもあって、2006年度まで20点各500冊の目標を掲げ続けた理事会は、2007年にようやく、現下の出版業界の衰退を認めて、10点各500冊

の目標に変更している。以下に2006年度の三重大学出版会年次報告を抜粋して引用する。

1．2006年度目標とその達成度
　　昨年度の目標は以下の通りである。
　1）今年度は営業兼会計係1名を雇用するため、当面、年間10冊、平均販売点数500冊を「年度目標」とする。
　2）今年度から緊縮経営策に従った年間の予算計画を作り、実行する。
　3）赤字解消のため、売り上げ並びに利益の向上を図る。
　　　○中間マージンを減少させるため直接販売・教科書制作の比率を向上させる。
　　　○チラシ、DM等による販売促進を強化する。
　　　○ホームページの閲覧機会を向上させるため、検索キーワードにヒットしやすい構成に変更する。
　4）出版会の図書の品質を向上させるため、編集段階での原稿の点検を強化する。
　　　○学外のプロに編集・デザインを依頼する。

上記目標に対して、一般市場向け図書2冊（『ジョン・ドス・パソスを読む』（300部限定出版）、『法則探検に出かけよう』1000部印刷、500部市販用）のうち、前者は残部60部、後者は残部約500部の現状にある。これは前・後期2度の販売を見込んで準備していた教科書作成作業が遅延し、売り上げが予定の2分の1に終わった事による。全体としては、出版図書の受注は好調な状態にあった。
　　次に、昨年度に作成した年間予算計画はおおむね達成された。赤字解消のために行った教科書制作、同教科書の直販は軌道に乗りつつある。チラシ・DMの制作、ホームページの改善、出版書の品位の引き上げも進んでいる。しかし販売担当の営業係が欠員であるため、図書の売り上げはいまだ低迷している。ただし今年度の極端な販売の不振にもかかわらず、後述する理由で営業結果は黒字となった。（中略）
　　預金残高、2004年度（平成16年）決算書（貸借対照表）→5,857,000円
　　　　　　　2005年度（平成17年）決算書（貸借対照表）→1,788,830円
　　　　　　　2006年度（平成18年）決算書（貸借対照表）→2,167,141円
　　今年度、預金の減少はなかった。

再建準備II―緊縮経営

キャッシュ減少の誘因

預金残高、2004年度（平成16年）決算書（貸借対照表）→5,857,000円
2005年度（平成17年）決算書（貸借対照表）→1,788,830円
2006年度（平成18年）決算書（貸借対照表）→2,167,141円
今年度、預金の減少はなかった。

　三重大学出版会の経営を「見える化」し、2007年5月（第4回総会）に公表した結果を単純に云えば上記のとおりである。当初1100万円有った会員の出資金は、216万円まで減少していた。ここでもし1点、売り上げ不振の出版物ができれば、後がない三重大学出版会の現実がよく現れている。

　この経営不振を受けて、三重大学出版会の理事会（以下「出版会理事会」または「理事会」と略す）が直ちに着手した対策は、予算の掲出と緊縮経営だった。この経緯は、当時社長だった川口元一氏の「出版会社長職の3年」（本書所収）に子細な報告がある。このままでは先がない、という社長並びに理事会の判断は誰が見ても妥当なもので、理事会に余力がある内に手を打つべき第1の手段だった。またこれを等閑にすれば、出版会に前途がないこと、出版会設立のような自発的な試みが学内から姿を消すことも恐れられた。川口社長・高井理事・石黒理事を中心に昨年度の収入・支出を洗い出し、文字どおり手作業で2004年度の予算書を作成した。翌2005年度からは、前年度の予算書を参照し、前年度の支出の増減を勘案して新年度の予算案を作成した。理事会の承認事項に予算案を加えて、その了承後に執行するとした。この予算計画は順調に進み、低空飛行ながら、出版会の運営が安定の兆しを見せるのは、2010年の予算案が作成される頃である。

　主として金銭処理の強化に当たるこの予算主義と緊縮経営が「2004年問題」と概括される課題処理の根幹であって、これを実現し、健全経理を目指す理事会の意気は軒昂だった。本務に関わりのない午後六時から事務室に集合して会議することを常としたので、理事会向け報告書の作成は、各自土日に出勤して作業に当たった。

緊縮経営の方針
　ここには石黒覚理事が立て、2010年度（平成20）の総会に提出した予算案（2011年度予算）案があるので掲出する。

33

三重大学出版	H19 年予算	H19 年決算	H20 年予算	H20 年決算	H21 年予算
収入の部					
前年度繰越	2,167,141	2,167,141	4,813,738	4,773,168	4,381,176
一般書売上	1,000,000	1,927,683	2,500,000	4,429,503	2,500,000
教科書売上	500,000				3,000,000
出版契約金	7,200,000	5,892,054	6,000,000	3,105,140	30,000
出資金	50,000	68,000	50,000	24,000	2,000
利息	500	4,547	500	3,622	4,429,503
助成金	0	0	0	0	0
雑収入	0	0	0	1,136	0
合計	10,917,641	10,059,425	13,364,238	12,336,569	9,913,176
支出の部					
1出版直接費					
印刷費	5,600,000	2,351,836	5,500,000	5,035,680	2,500,000
発送費	200,000	170,548	200,000	176,976	200,000
編集デザイン	100,000	0	0	0	0
小計	5,900,000	2,522,382	5,700,000	5,212,656	2,700,000
2事務費用					
建物使用料	119,070	119,070	119,070	119,070	265,000
光熱費	12,000	16,038	17,000	25,546	30,000
電話・通信費	270,000	355,786	300,000	391,785	400,000
DC カード代金	55,000	58,000	55,000		
給与	0	0	0		0
アルバイト代	500,000	364,300	400,000	294,600	300,000
消耗品	30,000	25,685	30,000	212,366	50,000
出張費旅費	0	5,000	0	126,500	150,000
総会費	120,000	65,555	120,000	111,564	120,000
経理書類作成費	200,000	198,300	200,000	214,200	250,000
法人税	250,000	236,260	250,000	180,000	200,000
大学出版部負担金	350,000	337,608	350,000	404,662	400,000
広告印刷費	500,000	336,673	500,000	323,655	350,000
雑費	250,000	244,648	250,000	338,389	300,000
小計	2,656,070	2,362,923	2,591,070	2,742,337	2,815,000
3 その他					
修士論文賞経費	250,000	360,382	300,000	237,228	350,000
合計	8,806,070	5,245,687	8,591,070	7,954,993	5,865,000
次年度繰越	2,111,571	4,813,738	4,773,168	4,381,176	4,048,176

　2010年度(平成20)に審議された予算案(2011年度予算)では、約400万円の繰越金が見込まれている。出版会の経営姿勢は相変わらず強気だったが、これは2007年度に病中で退職した非常勤職員を出来れば再雇用したいという希望の混じった経営見積もりを立て

ていたせいである。以下に2006年度から2010年度までの三重大学出版会の営業成績を引用すると、次の通りである。

2010年度営業報告

・2006年度、営業担当者が休職したのち、空席を補充しない形で営業を持続し、本年度で５年間を経過した。これまで続けていた販売促進のための各種の試みを通じて、以下の通り、図書を販売した。

- ●2006年度　図書の販売冊数　701冊、売上金額　96万円
- ●2007年度　図書の販売冊数1804冊、売上金額193万円
- ●2008年度　図書の販売冊数3652冊、売上金額448万円
- ●2009年度　図書の販売冊数2215冊、売上金額258万円
- ●2010年度　図書の販売冊数2144冊、売上金額222万円
- ※制作収入　2008年　310万円→　2009年　459万円→　2010年　294万円

2008年度「3652冊、売上金額448万円」をピークとして、売り上げ冊数・金額ともにゆっくり減少する。2008年度に図書の売り上げが伸びたのは、幸いにも、次の２点が第２版増刷まで売れたからである。

- □第2版アメリカ先住民の日々　E.C.パーソンズ編著　2300円　200部制作
- □第2版経度の発見と大英帝国　石橋悠人著　2000円　400部制作

2010年度は、売り上げ冊数では約70冊、売上金額で36万円、前年度より減少した。リーマンショック後の書籍の販売不振に対応して、印刷部数を減らし、制作費を下げ、製品単価を下げて、最低限度の利益確保を図る一方、売り上げ収入の減少を見込んで、制作収入の増加を計る「図書買取」が重みを増している。結果的には著者の病気や原稿の遅延によって、減益要因が重なりつつも、辛うじて赤字を回避する営業となっている。

2005年以降、学術書の単価は急速に値下がりしており、低価格競争が始まっている。送料・通信費・人件費その他、冗費を省き、不況に強い本作りが進行している。この経営環境下では、図書売り上げのもう一段の増加が望まれるために、同業各社ともに新刊図書の発売点数を増やし、それが結果的に小売店での在庫増、図書展示期間の短縮を生み出し、各出版社の販売不振をいっそう加速している。

　この業界の趨勢に遅れず、適正な価格で高品位の図書を出版し続ける必要がある。そのために、図書の制作原価の切り下げと、原稿価値の引き上げが喫緊の「課題」として浮上する。

緊縮予算の成果

　三重大学出版会2010年度の年次報告を抜粋する。営業部長欠員の補完要員として大久保義和・石橋佐代子の２名をボランティアの編集委員として迎え入れ、再び、月給支払い可能な出版社に向かって、経営再建を始めた。

2007(平成17)年度決算書（貸借対照表）預金→1,788,830円

2008(平成18)年度決算書（貸借対照表）預金→2,167,141円

2009(平成19)年度決算書（貸借対照表）預金→4,813,738円

2010(平成20)年度決算書（貸借対照法）預金→4,604,761円

2011(平成21)年度決算書（貸借対照法）預金→2,775,745円

2012(平成22)年度決算書（貸借対照表）預金→4,167,856円

※今年度は3月の年度末出版が重なり、印刷費の支払いが遅れている。結果的に預金額がいくらになるかは、６月以降の図書の売り上げ結果に従って確定する。

４．2011年度の経営目標

　１）今年度は編集ボランティアを増員したので、年間10点、500冊制作、平均販売点数400冊を今年の目標とする。

　２）一昨年・昨年・今年と無駄を省き、経費を節約して赤字を回避した。業界の不況は進行しているが、小社の経営も厳しくなっている。これを機会に経営基盤の強化に役立つ方策を検討したい。

　３）今年度も緊縮経営策に従った年間の予算計画を作り、実行する。

　４）収益力の強化に当たっては、書籍の品位の向上と売り上げの増加を目指す。

　　　○著者の費用負担軽減に努める。

　　　○制作図書の品位を上げ、制作費を低減する。

　　　○ホームページの閲覧機会を向上させ、ネット市場での知名度を上げる。

　　　○直接販売・教科書制作の比率を向上させる。

　　　○ネット販売を実現する。

　５）出版会の図書の品質を向上させるため、編集段階での原稿の点検を強化する。

　　　○学外のプロに編集・デザインを依頼する。

　６）役員の交代

　　　会長　矢谷隆一は留任。

　　　監査役、妹尾充史は選任の予定で、後任者未定である。

この営業見通しはしかし大きな誤算で、2018年年末に出版科学研究所が出した以下の報告に照らすと、出版業界に対する認識不足が起きている。

出版科学研究所が年末に発表した2018年の紙の出版物推定販売額は1兆2800億円台、コミックスを含む雑誌は5800億円前後、書籍は6900億円前後で、書籍と雑誌の販売額差は1000億円超にまで広がっている。雑誌のピークは1997年の1兆5644億円なので、約3分の1に。書籍のピークは1996年の1兆0931億円なので、約2/3になっている。また、返品率は1月から11月の累計で書籍が36.4％、雑誌が44.1％です。（なお、ここまでの数字は紙のみで、電子出版の数字は加味されていません。出版科学研究所推計の2018年電子出版市場は、例年通りなら1月25日ごろに発表される予定です。参考までに、2017年の電子コミックは1711億円、電子書籍は290億円、電子雑誌が214億円でした。HON.jp News Blog　2019年,1月）

「書籍のピークは1996年の1兆0931億円」と単純に書くが、実際は1996年度の前後三年間の図書生産は、緩やかな高原状態で、1999年から年率3％の下降が始まり、現在はその下降速度が早まりつつある。この加速度的な下降を考慮するために、学術書領域では、雑誌と書籍とを併せて、ピーク時の「二分の一の販売量」と要約されることが多い。この状況が見通せていたなら、「年間10点、500冊制作、平均販売点数400冊を今年の目標とする。」という文言を書いたりはしなかっただろう。

しかしそれにも関わらず、意気軒昂な出版会理事会の活動は希有の物で、得難いものでもあった。なぜなら、意気軒昂な理事会がある大学出版会は希であるし、潰れるはずが無いからである。「この業界の趨勢に遅れず、適正な価格で高品位の図書を出版し続ける必要がある。」という年次報告の文言を生かそうとすれば、図書の制作原価を1/2に切り下げる必要がある。それを怠れば、制作する図書の単価が二倍になり、「業界の趨勢に互」することも、「適正な価格」で高品位の図書を出版することも不可能になる。その困難が見え始めても臆することなく、なお意気軒昂な理事会の活動が続くことは、文字通り希有のことだと言って良いのである。

再建準備III—緊縮経営の成果

取りあえずは予算案に従う

預金残高、2004年度（平成16年）決算書（貸借対照表）→5,857,000円
　　　　　2005年度（平成17年）決算書（貸借対照表）→1,788,830円
　　　　　2006年度（平成18年）決算書（貸借対照表）→2,167,141円
　　　　　今年度、預金の減少はなかった。

　三重大学出版会の経営を緊縮型に切り替えた2006年度（2007年5月、第4回総会）に公表した決算結果は当事者でさえ首を傾げるような「黒字」だった。当初1100万円有った会員の出資金は、216万円まで減少したままだったし、「自転車操業」に近い経営で、経営の実質は赤字だった。そこでその原因を調べてみると、原因は出版・流通・小売りに関わる業界特有の慣習があった。これは出版業では常識的な懸案だが、出版社では図書を出荷する時に作成する納品伝票の日時、金額を積算して「売り上げ」を計上し、返品があるごとにマイナス伝票を作成して、「売り上げ」から引き去って行く。ところがその引き去りをしてもなお、取り次ぎへの出荷額（売り上げ）が多い。取り次ぎ→書店の間でそれぞれに在庫が残り、その在庫が返品されないままで滞留している。その滞留分が「売り上げ」から減額されないまま放置される。この結果、常に「売り上げ」が実際よりも多く決算書に計上される。そのせいで、「赤字」が「黒字」に変わるのである。

　この経営不振を受けて、三重大学出版会理事会（以下「出版会理事会」または「理事会」と略す）が直ちに着手した対策が予算案の作成と緊縮経営だったことは先に述べた。このままでは先がない、という社長並びに理事会の判断は誰が見ても妥当なもので、理事会に余力がある内に手を打つべき第1の予防策は間違いなく緊縮経営だった。またこれを等閑にすれば、出版会に前途がない。

　川口社長・高井理事・石黒理事を中心に昨年度の収入・支出を洗い出し、文字通り手作業で2006年度の予算書を作成し、それを総会で公表し、実行を約束した。翌2007度からは、前年度の予算書を参照し、前年度の収支の実態を勘案して、新年度の予算案を作成した。理事会が承認した予算案は、毎年五月に開かれる総会で公表した。この予算計画が順調に進むのと平行して、会計士事務所を加えた正式の「決算報告」の作成を始めることになった。

　2010年度（平成20）には、節約経営の成果が上がって、長期低空飛行状態の経営が出

現することは先に述べた。それを具体的に示すのが以下に示す2006年度〜2010年度までの三重大学出版会の営業報告並びに決算数値である。

2010年度営業報告

- ●2006年度　図書の販売冊数 701冊、売上金額 96万円
- ●2007年度　図書の販売冊数1804冊、売上金額193万円
- ●2008年度　図書の販売冊数3652冊、売上金額448万円
- ●2009年度　図書の販売冊数2215冊、売上金額258万円
- ●2010年度　図書の販売冊数2144冊、売上金額222万円
- ※制作収入　2008年 310万円→ 2009年 459万円→ 2010年 294万円

2007(平成17)年度決算書（貸借対照表）預金→1,788,830円

2008(平成18)年度決算書（貸借対照表）預金→2,167,141円

2009(平成19)年度決算書（貸借対照表）預金→4,813,738円

2010(平成20)年度決算書（貸借対照法）預金→4,604,761円

2011(平成21)年度決算書（貸借対照法）預金→2,775,745円

2012(平成22)年度決算書（貸借対照表）預金→4,167,856円

上記のとおり2007年度からは決算数値が公表されているので、2007年度には会計事務所による正式の「決算書」の作成が始まったことがわかる。

予算主義の次に来るもの

1999年から年率3%の下降が常態になり、現在もまだ業界ではその下降速度が早まりつつある。出版業界は、本来、経営の安定とは無縁の業界に変わりつつある。この加速度的な下降を考慮するせいで、学術書領域では、出版物はピーク時の「二分の一の販売量」と要約されることが多い。

「この業界の趨勢に互して、適正な価格で高品位の図書を出版し続ける必要がある。」という年次報告の文言を生かそうとすれば、図書の制作原価を二分の一に切り下げる必要がある。それを怠れば、制作する図書の単価が二倍になり、「業界の趨勢に互」することも、「適正な価格」で高品位の図書を出版することも不可能になる。では、どうすればよいか。

経営窮迫の真因

　組織上、堅実になった三重大学出版会には、まだ余力もあったし、その余力がある内に手を打つ必要がある事柄も多かった。前節で述べたとおり予算計画・緊縮経営の次に処理すべき懸案が４つ有った。

　１、経営上必要な数値をすぐに入手できる経営の「見える化」「システム化」。
　２、販売減少に比例する制作原価の切り下げ。
　３、不用な在庫商品の減価償却。
　４、「日本修士論文賞」の収支改革。

　緊縮経営、経理の「システム化」、制作原価の切り下げ、在庫商品の減価償却、「日本修士論文賞」の収支改革については、それぞれ章を改めて、その改善の経過を書く方が分かり易い。ここではその４点の根底にあって、４点の問題を引き起こす根本である「真因」に照明を当てておきたい。

　経営の現状が数字を踏まえて正確に把握できないせいで、在庫が増えてキャッシュが減少しても、経営の困難とは認識されない。500円の図書を定価1500円で発売すれば、商品価値は原価の３倍に膨れあがり、資産価値は３倍になるからである。手持ちのキャッシュ500円を使って1500円に資産が増えれば、それは即、資産の増加であり、この後は、これを売りさえすればよいという意識の弛緩時期が訪れる。制作した図書が実際に売れて現金化されるまでには、数年かかるからである。

　取り次ぎとの委託契約上は１年以内に返金、と定められているが、現場の書店がこれを守らず、そのまま「書店在庫」として数年間、放置する。ところが出版会の理事には任期があり、短期間で交替する。これではキャッシュ500円を使って1500円となる資産増加の過程を各理事は確かめることが出来ない。この弊害が年を追って累積することで、理事にさえ経営の現状が把握できない現象が起きる。

　おまけに、取り次ぎ書店から届く毎月１回の精算書が、何がいくら売れたかを明記せずに、売上金額（支払金額でもある）だけを記載する。これでは理事会がいくら注意深く観察しても、何がいくら売れたかを掌握することができない。それが出来るためには、まずは出版社自身が作成した売上伝票を品目別に集計し、その集計結果を取り次ぎ書店からの精算書と照合しなければならない。が、その照合をしたところで、売上金額の中からは、書店在庫分が抜け落ちた形の数字が現れる。作業の成果がこれだけ貧弱な場合、伝票集計を実行する人件費の費用対効果を計算すれば、節約経営の出版社に出来る仕事とは考えにくい。

　しかし何がいくら売れたかを掌握することなしに出版社を経営することは、闇夜に

鳥を探すような、運や勘の領域を手探りする仕事に等しい。しかも出版不況が重なるに連れて、「書店在庫」はますます増加し、そのせいで取り次ぎ書店からの支払いは滞留し、増加する。この増加は、社内の売上伝票と取り次ぎ書店からの精算書とを3年間照合し続けて初めて正確に見えてきたことである。これは出版流通事業自体が引き起こす構造的な問題と言えないだろうか。

　それでも意気軒昂な理事会が意気軒昂であることを幸いに、経営の遅滞はおきなかった。主として経営の現状確認のための文言を並べた2006年—2012年、総会に提出された「年次報告」には、新規に何をするかは現れていない。ただ新しい路線が見えてくるまでは、現在の小康状態を維持するため、各理事に任期2年（再任可）の出版会規約における「再任可」を準用して、長く留任することをお願いして総会を閉幕した。これは2007年度に着手する次の4点の経営改革を実行するために欠かせない人選でもあった。

※1997年98年、三重大学学術出版会（当時）の募金（寄附）をはじめた。しかし、当時の帳簿は残されていない。当時の経過を知る者の記憶によると募金寄付金約230万円のうち約200万円は資本金に算入し、残り20〜30万円が登記に使用された。

「雲出橋」（春秋 39 号）

経営再建―在庫圧縮・印刷費引き下げ (2008-2017)

山本哲朗

在庫圧縮

　経営赤字が止まった事を確認した2006年５月総会は、出版会経営上の大きな波頭に当たる。大きな波頭の頂点は高原状になだらかで、船はそこから波底に向かってゆっくりと下降する。この時期を外せば、やがて船首には目を剥くような水の壁がそそり立つ。これは波の性質であると共に、昨今の出版事業の性質とも重なる。未曾有の出版不況が押し寄せているからである。

　先に述べたとおり、三重大出版会は何はともあれ、次の４つの経営改革に手を付ける時期に当たっていた。

　１、経営上必要な数値をすぐに入手できる経営の「見える化」「システム化」。

　２、販売減少に比例する制作原価の切り下げ。

　３、不用な在庫商品の減価償却。

　４、「日本修士論文賞」の収支改革。

　2006年から2007年に掛けては、バブルが弾け、山一証券・拓殖銀行が破たんしてから10年目である。景気は一向に回復せず、出版業界は毎年３％の速度で出版量を減らしている。これまでの不況の経験則では不況が10年続くことはあり得ない。そこでこの10年を「失われた10年」と呼ぶことがあるが、その不況がさらに20年も続くと、出版業界は衰退産業と見なされる。

　もし仮にピーク時の図書の供給が実需の３倍あったとしても、減り続けた供給はどこかで需要と均衡し、需給バランスは、いずれ安定均衡に向かうと見るのが自然である。その需給バランスが20年経っても回復せず、相変わらず年率３％の速度で減少している。要するにバブル期の図書供給量は、恐ろしいことに実需の３倍以上に膨れていたことになる。

　2006年５月にキャッシュ減少に歯止めがかかり、2007年度にそれが再確認されると収支の均衡を目指す互助会形式の経営が低空飛行状態で安定する。先に述べたように、その先には２つの事が見えるようになる。１つ目は出版業が衰退し始めた現状では、持ち込み原稿をいきなり製本出版しても間違いなく図書は売れない。図書の減少にも関わらず、まだ制作費は高止まりしている。

　２つ目は出版互助会である三重大学出版会は、出版する権利を売ることで会員を

募り、会員の出版物作成にはなるべく口出ししない方針で運営されてきた。それが著者から見て最も実需に適い、安価で、納得のいく出版活動だったからである。需要の現場に相応しい図書作り、著者が考える最も安価な図書作り、著者の納得づくの図書デザイン。この内のどれを不用だと考えるかは意外に難しい。

広く見ると、日本の書店で見る図書は、何故か一様に均質化され、等しく綺麗に装丁されている。だが、海外に目を向けると（特に大学出版関係の図書作りを見ると）、一様に均質化されているとも綺麗に装丁されているとも言い難い。ただし、これは安くできているなと見える図書は意外に多い。大学における教科書利用が想定されているからだろう。上記の三重大学出版会の図書制作の中からどこを手直しするか考えてみると、この図書価格から切り込んで行く可能性が有りそうに見える。実際、継続して取り寄せた印刷所からの印刷・製本見積書を五年ごとに並べてその金額の推移を見ると、比較的柔軟に増減する「製版費」に目が止まる。これが印刷製本費の30%を占めているが、出版社が手渡す原稿はすでに電子ファイルに切り替わっている。この電子ファイルを判型・ページデザイン（主として縦横の文字詰めとフォント設定）まで済ませて出稿すると、印刷製本費は大幅に節約される。もし校正終了済みのPDF原稿を手渡すことができれば、印刷製本費は25%節約される。要するに、完成原稿をPDFファイルで著者から頂けばよいのである。

これを実行するには、まずは持ち込み原稿をいきなり製本・出版する出版共済型の図書作りを修正することが欠かせない。しかもそれを出版会会員に納得のいく形で承知して貰う必要がある。この時には、是非、著者が出版世界に身を乗り出し、手作りの風情と楽しさを残す書物作りに勤しむという、地方小出版の「牧歌」的な図書作りは残ると言う必要がある。スコットランドのタータンチェックのような質朴な風合いの図書作りは、今後も維持できることを保証するのである。ただし、好況期を過ぎた今では、出版会の社員に著者の仕事を肩代わりさせることは出来ないと言う。

次に注視するのは、日本修士論文賞のモチベーションを引き上げることである。修士論文の受賞作の品位を高め、原稿価値を引き上げる必要がある。良質の論文指導を欠かさない大学・学部・教員を見つける必要がある。情報科学・分子生物学・その他に従事するような新進の研究者をこの表彰・出版の世界に呼び込むにはどうすれば良いか。こういう課題を解決する事無しにやり過ごすなら、船は下り坂を波底に向かって突進し、船首を大きく波底に打ち付ける。理事会が健全な内に、これを回避する道筋を選び取る必要がある。それは教官個々人を全国区のプレーヤーに押し上げるツールとしての「夢の出版会」を持つ大学になる試みの中断を意味する。

在庫縮小の経営

　先に書いたとおり、キャッシュの減少を抑えるべく始めた緊縮経営・緊縮予算計画のせいで、2006年度からは、キャッシュの減少は止まった。が、この会計事情に付随して、処理することが欠かせない問題が浮上していた。冗費の節約を旨とする予算計画では、制作費収入・販売収入を増やしつつ、収支の均衡を計って行く。収支の均衡を計りさえすれば、経営の赤字化は回避する事が出来る。またその赤字にならない限り、出版部数を増やすことは歓迎される。印刷部数を増やす、製品単価を下げることは利益の増加に寄与するからである。

　しかし、2003年度・2004年度・2005年度・2006年と三重大学出版会が強気の経営を維持した結果、多量の売れ残り図書が在庫になっていた。この売れ残りは、古書店さえ手を出さない文字通りの「在庫」として保蔵される。商品としての価値は、ゆっくりゼロになる。だが「在庫」として会計帳簿に計上されるために、資産科目に繰り入れられて、会社資産の増加と見なされる。会社資産の増加は損益で言えば「益」であるため、「損金」と相殺されて「赤字」の顕在化を防ぐ盾となる。たとえば不良在庫が2000万円ある時にも、2000万円分の無駄を抱えているとは言えないのである。

　この不良在庫が出版社の経営に役立つ間は役立てるのがよいとしても、2006年以後、経営再建に取りかかる時には、「在庫」が大きな懸案として浮上する。

　経営上、「在庫」は赤字化を防ぐ以外に、もう一つ重要な役割を果たす。在庫を削減することは、「資産」を減らすことで帳簿上に現れる架空の黒字を抑制する効能を持つ。その役割を生かして働かせるためには、「在庫」は適切に掌握・管理され、必要に応じて使いこなす必要がある。

　その在庫の実態が懸案事項となる2007年度は、出版会の経営上、経営健全化に向かう初発の年に当たる。不良在庫の掌握が不可欠の仕事になる2007年に作り始めて、2008年度から利用可能になった「在庫表」が残っているので、その金額だけを紹介する。

　　2008年→¥7,281,912　　2009年→¥7,546,033　　2010年→¥7,764,831

　　2011年→¥11,644,751　　2012年→¥10,937,836　　2013年→¥10,241,421

　　2014年→¥10,810,967　　2015年→¥11,820,530　　2016年→¥11,352,709

　　2017年→¥9,625,544　　2018年→¥8,036,995

　※2017年度から2018年度に懸けて、在庫が減少し始めるのは、この年から
　　「在庫」のコントロールが可能になったことを示している。

　この数字だけを見ると「なべて世の中は事も無し」（ロバート・ブラウニングの「春の朝」）と見えるかも知れない。通常の出版社に比べれば、遙かに「在庫」が少ないからであ

る。実は、在庫がピークに達する2016年度、減価償却を始めるに前に、在庫図書12,833冊を償却率20%と仮定して実施した試算がある。なおこの在庫図書12,833冊からは、2008年以後、古書として順次売却した約3000冊の図書が除外されている。その試算表によると、在庫図書12,833冊の定価の総和は13,623,344円（20%償却後11,352,709円）で、50%で償却した時には6,811,672円になる。この程度でなければ会計の実態を反映した在庫とは言えない。

　その不良在庫の総額を計算・計上する作業が放置されていた。多額の不良在庫を含む在庫図書の総額とは言え、その不良在庫が全て資産増と見なされると、資産課税額が膨張する。その結果を回避するためにどのような順序で穏当に不良資産を償却しつつ開示してゆくか、その道筋をシュミレーションする必要がある。そこで行ったのが、上記のような在庫の試算である。

　この経営状態のままでは、どう足掻いても「赤字」に成ることさえ不可能になる。当時も今も続けている無借金経営が続く限り、赤字倒産さえあり得ない現実は、出版社の経営を劣化し退化させる。

　この会計上の「在庫」と実際の資産価格との不一致を解消するために、事務所移転の機会を捉えて2008年度以後、順次、約3000冊の在庫図書を古書買取業者に売却した。また、まだ売れる可能性有りと見た在庫は、年次ごとに逐次、減価償却することで適正在庫に近づいていく方策を取った。

図書制作費の削減

　図書販売が年率３％で減少しているのに、著書の制作費が高止まりしていることは不都合という他はない。図書の印刷部数が１/２になったにも関わらず図書の制作費が高止まりしたのでは、図書価格が上昇する。そのせいかどうか、編集者の集会に参加すると、婉曲に「お宅の本はもっと高くてもよいのでは？」と勧誘される。が、その場合は無遠慮に相手の顔と名札をマジマジと見る事にしている。大部分がバックになる大学や財団がある大学出版部の編集者である。

　「失われた20年」、物価も収入も減少して生活に余裕が減り、読書離れが進んでいるにも関わらず、ジリジリと小刻みに図書価格を切り上げれば、それなりに収拾がつくという考えは恐ろしくて賛同できない。図書の印刷部数が１/２になったなら図書の制作費も１/２まで切り下げて初めて、首都圏の出版社と価格面で肩を並べることができるからである。

　中小の地方都市では、出版社・印刷所ともに印刷製本の機会は限られている。このため印刷製本の経験豊かな印刷所は希になる。市内にある印刷所は、原稿のやり取りにも打ち合わせにも便利に相違ないが、ここで「相見積もり」を取っても、出てくる

結果に大差は出ない。そこで、取引先を広げて、東京2社、名古屋1社、市内1社に的を絞り、送付原稿の精度を上げながら、相見積もりをお願いする作業を続けてみた。送付原稿の精度を上げながら、判型・字詰め・見出しフォント・口絵写真まで加工無しに使える電子ファイルを送ることで、印刷所の製版手間を省き、純粋に輪転機を廻すに必要な「印刷費」だけが計上される状態を作り出すためである。そうしながら「相見積もり」をとることで、印刷所側でも手間賃を省いて、印刷作業をゆっくり合理化することが無理なくできる。この作業の場合、肝心なことは、10年以上同じ意志を継続することにある。年率3％の印刷費の切り下げでも8年経てば、印刷費は半額になるからである。在庫の把握が可能になった2008年に着手したこの印刷費削減計画は2019年現在、ほぼ目標通りに推移している。

「津漁港」（春秋40号）

経営再建Ⅳ―出版会システムの起動

システムの要点

　出版社の経理には独特の複雑さがある。顧客は4種類有る。取り次ぎ書店・小売り書店・著者・購入者。売り方は五種類有る。常備・延べ勘・定期・即売・予約。売値の掛け率は、顧客によって変化する。売り方によっても変化する。代金回収も顧客により、売り方によって変化する。請求の仕方も同様である。

　見積書・納品書・請求書・返品伝票・月別売り上げ・顧客別売り上げ・商品別売り上げ・科目別売り上げ・勘定別諸表のそれぞれに最適化された入力インターフェースを必要とする。このシステムは市販の勘定ソフトでは求められない機能を多く含んでいる。これを1台のコンピュータで処理する低価格の勘定ソフトが必要になる。

　これは金銭的にも不可能に近い相談になる。出版会の理事職に余分な時間や費用がある訳ではない。調べてみると、計算ソフトで比較的複雑なシステム構築力を備えたプラットホームが見つかった。マイクロソフト社の「アクセス」と言う名のソフトである。早速、「アクセス」の解説書を読みあさって、システム構築の要領が掴めると、後は、「出版会システム」に適した仕様書の作成に取りかかる。その仕様書が出来上がると詳細を点検・校正した仕様書の完成版を開発会社に送って、以後、共同でシステムを組み上げることにした。それなら数十万円で、こちらが希望する便利さを備えた経理ソフトを手に入れることができる。

　幸い当時、三重大学の一般教育にも100台以上のコンピュータがあり、それが学生の研究会に開放されていた。その研究会には当然ながら「凄腕」の教員がおり、学生リーダーらが居り、めきめき腕を上げる学生らがぞくぞく集まっていた。退屈な高校生活を過ごし、大学にやってくることで初めて、遣りたいことがやれる環境と条件とが揃ったという「気合い」に満ちた熱血漢が混じっていた。次々に新技術が持ち込まれ、吸収し合って、「先端人」を気取る気配さえ有った。その集団の中から4名を選んでアルバイトとし、システム開発の手伝いとした。

システムの設計

　システム開発会社の説明によると、システム開発は普通、次の手順を丁寧に踏むことで間違いなく進行するという。先に採用した学生たちは、この進行を支援する要員に当たる。

1，**用件定義**：要望を伝達して実装すべき機能や性能などを明確にする。
2，**外部設計**：画面や帳票などのユーザーインターフェースを設計する。

3，**内部設計**：外部設計をもとにシステム全体を機能ごとに分割し、コンポーネント間をつなぐインターフェースの要点を図示する。

4，**プログラミング**：内部設計をもとに各モジュールを作成する。

5，**単体テスト**：作成したモジュールの機能を検証する。

6，**結合テスト**：複数のモジュールを結合してその機能を検証する。

7，**システムテスト**：システム全体が要求された機能を満たしているかを検証する。

8，**運用テスト**：実際の業務の流れに従って使用し、問題の有無を検証する。
合わせて業務担当者による使い勝手を点検する。

9，**運用移行**：実際に使用するプラットホームにシステムを移行する。

「アクセス」の解説書を読み始めた時間を含めると、前後2年でこのシステムの起動実験が始まり、それに連れて、経営が経営らしい姿で現れ始めた。先に挙げた4つの経営課題の第4（下記）が姿を現した時でもある。

4、手作業に近い現状の経理では、緊縮経営の基礎になる予算作成の手間が嵩み、経理専属の人員配置が欠かせなくなる。平日の経理作業は1日1時間以内で終了する簡便な出版事業専用の経理システムを作成する必要がある。

このシステムを「出版会システム」と名付け、試作に入ったのは2006年度だが、半ばは素人が手作りした安価のシステムである。このため、幾分かは不備が残った。小数点以下の数値が切り上げ・切り捨てまちまちで、月別売り上げ・顧客別売り上げ・商品別売り上げ・科目別売り上げ・勘定別諸表に、微少な金額の相違が現れること、自動のバックアップ機能が省かれたため、小まめにコピーを取ることが欠かせないこと、外部からの攻撃には耐えないため、ネットワークからは独立したシステムとして運用せざるを得ないことなどである。

システムの点検

だがともかくこの「出版会システム」が稼働することで、経理は透明化される。システム施工会社が言う9つのフェーズの内、下記の4点は、こちらのアルバイトでも代理・確認する事が出来た。

5，**単体テスト**：作成したモジュールが満たすべき機能を検証する。

6，**結合テスト**：複数のモジュールを結合してその機能を検証する。

7，**システムテスト**：システム全体が要求された機能を満たしているか検証する

8，**運用テスト**：実際の業務の流れに従って使用し、問題の有無を検証する。
合わせて業務担当者による使い勝手を点検する。

この代理・確認作業分を分担することで、システム制作会社の作業コストは削減できる。「顧客別受注情報」「出納簿」「請求書発行」「得意先リスト」「入金予定リスト」「売掛金未回収顧客リスト」「顧客別売り上げ」「営業社員別売り上げ」「科目別集計」「勘定一覧」「仕分け別集計」「商品情報」「各種マスター」と入力用インターフェースだけで13を数え、記憶テーブルは21、そのテーブルを関連付けるクエリー、マクロ、フォーム、レポートが設定されている。このインターフェースからクエリー、レポートまでの全ての組み合わせを代理点検する作業は、膨大な量に達した。

　このアルバイトに参加した学生達のスキルは大きく向上したが、作業行程には時々試行錯誤があった。この作業の遅延にはシステム制作会社から度々、苦情が寄せられた。だが、この曲折を経てとにかく「出版会システム」はこちらのコンピュータに移植された。その「出版会システム」は、参加学生達にとっては、文字通り努力の結晶となった。

システムの稼働

　稼働する「出版会システム」は理事なら誰でも経理の現状を端的な数値の形で把握できる手軽なシステムになった。手作業に近い経理は合理化され、緊縮経営の基礎になる予算作成の手間が省けた。経理専属の人員配置が欠かせない状態は消え、恒常的に人件費1人分が節約された。平日の経理作業は1日1時間程度で終了することが可能になり、その余りの時間でホームページの設営が可能になった。これを無料で実現したのも、先のアルバイト学生達である。この一連の作業の指揮を執ったのは阿閉義一理事（工学部）である。

　三重大学出版会はこの「出版会システム」のせいで、事務職1名、編集者1名で大過なく運営できる体制を整えることが出来た。これは後発出版社だから出来たことで、そうでなければ三重大学出版会は人手を喰い非効率で平凡な出版社になったことだろう。

　理事会には自力で時間をかけて帳簿を確認する必要が無くなった。月1回の理事会は、月別売り上げ・顧客別売り上げ・商品別売り上げ・科目別売り上げ・勘定別諸表を点検し、分析し、経営の現状を具に把握できる会になった。

　またそのシステムの御陰で、外部環境の変化を早めに察知し、警戒する営業が可能になった。この間にたくさんの書籍小売り店が閉店し、いくつかの取り次ぎ書店が廃業した。鈴木書店・太洋社・栗田書店と順次廃業する取り次ぎには注意が欠かせず、代金支払いの遅滞を観察して、営業不振の気配を察知すると、取り引きを絞り、代金の回収を強化することで、損害を最小限度に止めることができた。

　2019年に入ると、出版業界3位の大坂屋が「楽天ブックス」の一部となり、2位と

１位のトーハン・ニッパンが自立経営に見切りを付けて協業に入った。図書取り次ぎ業界は上から下まで全てが再編を迫られる特異な経営環境の中で、社内の作業処理の最適化に追われている。ライバルであるアマゾンに比べれば誠に非効率と云うべき作業の処理工程、営業システム、衰弱する図書流通網、ただでさえ図書離れを引き起こしている「無読者」、読書に不向きな速読媒体と数え上げるまでもなく、出版社が出版社であり続けること自体が難題に変わりつつある。経営観察はいよいよ繊細を要し、システムによる取引先の経営分析以上に、自社の経営分析が欠かせない作業になっている。

2006年度・2007年度・2008年度と年次を経るごとにデータの蓄積が進み、出版会における理事の仕事は、見た目にはますます軽微になりつつある。売り上げ・返品・入金・出金・仮払い・未払いをデータとして出力し、確認し、押印して理事会に報告するところまで合理化が進むと、むしろ単調ささえ生まれる。このため、2006年度・2007年度・2008年度の出版会は、表向きは安定し、中でも出版会総会は堅実な理事達が運営するお祭り気分の集会に変わった。手伝いの人数も多く、伊勢エビのグリルで乾杯することさえあった。事実、「出版会システム」の作成に関わった学生達には祝賀に相応しい祝杯となった。そしてこれは経営困難に立ち向かった理事達にとっては、新しい出版会の進水であり、艤装・試運転を済ませると、試験航海が待ち受けている「小春日」の「忌斧」（ドックに繋留された新造船を陸地に繋ぎ止めているロープを進水時に叩ききる斧）に喩えることもできる経営の慶事だった。

経営再建Ⅴ─日本修士論文賞について

　2004年度のキャッシュ減少に歯止めがかかり、収支均衡を目指す互助会形式の経営改善が進むと、その先を展望する必要が生まれる。先に述べたとおり、出版業が衰退する現下の出版社では、持ち込み原稿をいきなり製本出版しても図書は売れない。特に学術書は売れない。図書の売り上げは一極集中で東京に集まり、テレビで名を売る著名人の著作が話題を浚い、その話題に追いつくための安直な読書が普及する。まるでオアシスにだけ水がある砂漠地帯の巡礼者のように、地方大学の出版社は時流の後追いをすることを強いられる。その悪循環が明瞭になると、学内の教員からの図書制作需要は下降局面を迎える。図書販売が縮小し、それにも関わらず制作費は高止まりしている。このまま進むと少部数出版に伴う制作単価の引き上げと競争力の低下とが同時に起こり、地方小出版はますます不利な立場に追われることになる。

　2004年度のキャッシュ減少の主因は、日本修士論文賞の受賞作に出版会の互助会方式を適用したことにあるが、ここに誤りがある。受賞作の原稿価値は早期に引き上げる必要がある。博士前・後期課程の新設により、修士論文作成に注がれる学生のエネルギーは急速に低下している。どうすれば良いか。

　2003年7月には、すでに国立大学法人法関係6法が成立し、10月に施行されていた。2004年（平成16年）4月1日、国立大学は一斉に国立大学法人に移行する。その趣旨は「大学の自主性を尊重しつつ大学改革の一環として」発案されたもので「競争的環境の中で世界最高水準の大学を育成するため、「国立大学法人」化などの施策を通して大学の構造改革を進める」（2002年12月閣議決定）ことが意図されていた。

　その時流を受けて三重大学出版会理事会では、阿閉義一理事の発案で、「日本修士論文賞」を創設し、初学者の登竜門とする企画を実行に移した。この担当者である阿閉義一氏が書いた「日本修士論文賞」の趣意書が残されているので紹介すると、以下の通りである。

・設立の趣旨

　　　研究者の養成機関として発達した日本の大学院が、実質的で活力に富んだ研究機関となるためには、大学院を人材と情報とが頻繁に往来する「インター・カレッジ」として機能させる必要があると考えられます。

　　　また、その大学院では長期的視野から望ましい人間や組織や社会のビジョンとともに研究・教育が進展することが望まれています。その点から考えると、大学

院でもっとも重要な時期は、研究活動の礎石が据えられる修士課程及び博士前期課程（以下、修士課程と略します）であり、この時期が充実したものであることが学術・研究の隆盛に直結すると考えます。（中略）今後も急増していく大学院生のレベルの向上と、社会人大学院生の旺盛な研究意欲とを視野に入れるときに、長期的で独創的な視点を持った彼らの研究意欲を継続的に刺激し、幅広い視野からインセンティブを与え、また研究成果の目標値を示すものとして、この賞を位置付けました。

　ただし、この授賞行為の実行は、経営的には思いの外、困難を伴ったし、現在も困難を伴っている。特に、手持ちのキャッシュが減少する経営環境下では異論も多いが、それは一過性の意見と見なされて来た。三重大学を拠点とする三重大学出版会にはこれに替わる魅力を持った社名アピールの手段が見あたらないからである。

　2015年12月に作成された日本修士論文賞の実施見積もりが残っているので紹介する。同年12月23日の授賞式を前に、節約経営の趣旨に従って最低限の経費見積もりを理事会で作成したものである。これを見ると日本修士論文賞の運営経費をいくらで運営しなければならないかが分かるので引用する。

1，旅費

審査委員長面接旅費
新幹線東京往復　　20,600円
名古屋・津JR快速　1,840円

審査委員長面接旅費
名古屋・津JR快速　1,840円

受賞者出席旅費（東京）
新幹線東京往復　　20,600円
名古屋・津JR快速　1,840円

受賞者出席旅費（名古屋）
名古屋・津JR快速　1840円

２，賞金

受賞者賞金　100,000円

３，審査費

審査費（学外者２名、各15,000円）30,000円

—————　諸経費１ —————　178,560円

４，会議費

表彰状２枚

茶話会ケーキ代20人（１個400円）8,000円

募集ポスター（200枚）6500円＜ラクスル社＞

ポスター送料（142通・120円）17,040円

—————　諸経費合計２ —————　31,540円

６，出版費

図書印刷費　300部　300頁　本体2,000円

—————　出版経費　—————　600,000円

—————　支出総計　—————　808,260円

７，売上収入（150部売上げ）　180,000円

　現状の日本修士論文賞を主催すると、約62万円の赤字になる。受賞作の本体価格を2000円に据え置くとすると、経営上の均衡点は、図書制作費を１/２（30万円）、販売冊数を500冊とする必要がある。本体価格2000円の図書を取り次ぎ書店で依託販売すると、その６割（1200円）が卸価格に成るからである。2018年現在、図書制作費を１/２（30万円）にする目標は達成に近いが、販売冊数500冊の目標は、コンスタントには達成されていない。

　実際の受賞者並びに受賞作は以下の通りである。

第１回2003年「日本修士論文賞」

　応募総数：23点

　大　賞：２名

　１）筒井　正　一攫千金の夢—北米移民の歩み—　【出版済】

　２）斎藤武史　新税—法定外税—　【出版済】

論文賞：1名
　1）古平　浩　　経営再建嵐の百日－しなの鉄道のマーケティング－　【出版済】

第2回2004年「日本修士論文賞」選考結果と授賞式
　　　　応募総数：64点
　　　　大　賞：該当作品なし
　　　　論文賞：2名
　1）中村真規子　　臓器移植問題の流通システム分析－骨髄移植の学際視点からの
　　　　　　　　　　流通論的分析
　2）神松一三　　日本テレビ放送網構想の研究　【出版済】

第3回2005年　応募総数：33点
　　　　大賞：該当作品なし
　　　　論文賞：2名
　1）吉田　茂　　多様化する雇用－ホテル業界にみる新卒契約社員採用の実態と
　　　　　　　　　その背景を探る－
　2）荒川洋子　　グローバリゼーションのなかの美術教育－「文化の自由」と
　　　　　　　　　「多様性」にひらかれた美術教育をめざして－

第4回2006年「日本修士論文賞」
　1）中山淳雄　　ボランティア概念の誕生【出版済】
　2）趙　彦民　　王道楽土の悪夢―満州愛国信濃村残留孤児達の家族史【出版済】

第5回2007年「日本修士論文賞」
　1）石橋悠人　　経度の発見とイギリス帝国【出版済】
　2）寺尾智史　　言語保全を過疎とたたかう力に

第6回2008年「日本修士論文賞」　受賞作無し
第7回2009年「日本修士論文賞」
　1）鄭　方婷　　京都議定書後の環境外交【出版済】
　2）安藤裕子　　反核都市の論理【出版済】

第8回2010年「日本修士論文賞」
　　　　荒木慎也　　石膏デッサンの百年【出版済】

第9回2011年「日本修士論文賞」
　1）丸山悠輝　　　　　米国公民権運動を支えた歌
　2）平川すみ子　　　　ファッションビジネスにおける事業性と社会性

第10回2012年「日本修士論文賞」
　　　堀内健司　　　　　侍達の開国

第11回2013年「日本修士論文賞」　受賞者なし　（該当者有り。面接により失格）
第12回2014年「日本修士論文賞」　受賞者なし　（該当者有り。面接により失格）
第13回2015年「日本修士論文賞」
　　　松永伸太朗　　　　アニメーターの労働問題と職業規範【出版済】

第14回2016年「日本修士論文賞」
　　　安齋耀太　　　　　国民国家の社会学—ドイツ連邦共和国の庇護政策の起源—
第15回2017年　募集中止
第16回2019年　募集中

　上表にある（該当者有り。面接により失格）は、授賞に先立って行われる資格確認で、盗作やすでに出版が決まっている原稿の一部分、著者からの辞退、その他、資格要件に照らして失格が明らかなケースを表示する。

　また受賞作の中にも、横書き・縦書きの変換、表記ルールの統一、原稿の作品化に伴う図版・写真・キャプションの修正などが、出版契約期間内（1年間）に間に合わないで出版できないケースが約半数ある。それらを除く出版実績をその後の受賞者の経歴に照らすと、まずは順当な成果が出ている。

　なお、この授賞を最初に提唱した阿閉義一氏が書いた授賞趣意書には以下の文言もある。これは現在も日本修士論文賞の趣意書として使われている。

・仕組みと期待する効果
　　（前略）この賞が継続的に実施されて修士論文に出版の機会が開かれることで、大学院生に、幅広い視野から実施されるインセンティブを与えます。この賞により修士論文に出版の機会が開かれることで、大学院生に、研究成果を図書として公表する際の目標値を示すことができます。（中略）この賞が普遍的位置を獲得す

るときは、大学院生や学部学生に対して、研究活動を通じて実践される社会参加の実例や指針を提供します。

　「日本修士論文賞」は経営・運営・成果の点で多くの問題を抱えている。阿閉氏が言う高邁な本賞の趣旨や効果からはほど遠いに相違ない。現在、印刷経費の切り下げは順調に進んでいる。受賞者が提出する作品の編集精度は高くなっている。一方、その図書が売れない、「博士前・後期課程の新設により、修士論文作成に注がれる学生のエネルギーは急速に低下している。どうすれば良いか。」という課題は依然として、解決されていない。しかし、だからと言ってこれは失敗した企画ではない。この企画に限って言えば、時には「失敗しない秘訣？それはね、成功するまで続けることだよ。」というさる高名な実業家の至言を思い出す必要がある。この企画は言い方を変えると、まるで三重大学出版会そのもののような「賞」だとも云える。なぜなら、理想を追うことはたやすく、それを止めることはもっと容易(たやす)い企画だからである。

「香良洲漁港」（春秋40号）

経営再建Ⅵ―その他の2つの経営課題

残務処理のための展望

　2007年度は、バブルが弾け、山一証券・拓殖銀行が破たんし、出版不況が始まってから10年目にあたる。出版業の景気は一向に回復せず、出版業界は毎年3％の速度で出版量を減らしている。図書の需要は大都市に集中し、取りあえずは話題の図書を読むという消費型の読書が進んでいる。2017年10月〜11月に国公・私立大学の学生18,999名を対象にした「第53回学生生活実態調査」の「概要報告」（全国大学生協連調べ）では、一日の読書時間ゼロの学生が50％を越え、読書時間2時間未満・2時間以上を費する大学生は合計しても20％に足りない（後者だけだと9％程度）。1日6時間は大学で講義を受けるはずの大学生は教室・学内で何をしているのかと首を傾げる。この調査を見たなら誰にしても、出版不況はさらに深刻になると予想するだろう。

独自の経営手順

　経営の是非を過去に遡って検証してもキリがない時があるが、文字通り未曾有の出版不況を目の前にすると、そうも言っていられないことが見えてくる。三重大学出版会の「原点」を確認し、そこを始点に現在位置を確認することが、自ずと前途のための展望を可能にするからである。

　三重大学出版会設立の当初、出版会は「出版互助会」として設立された。組織的には「任意団体」の扱いを受け、事務室は大学から「三翠会館」一階を配給された。教官有志（当時はこう呼んでいた）が事務所の当番に当たり、その机で普段の仕事をした。その際、組織的な弱体を避け、取り次ぎ書店と安定した取引関係を維持するために、「株式会社」に改組する必要があったが、経営の実態は「出版互助会」のままであることを良しとした。

　もとより株式会社であることと教官有志が営業に当たることとの間には大きな齟齬がある。会議も作業もすべて勤務時間外に設定して支障を回避したが、現実の経営では、教官に替わる営業・事務担当者を採用する以前に、その準備として、解消すべき事案があった。巨大在庫を削減し、人件費を賄える程度の利益を生む経営モデルを案出し、試験して、その上で人件費相当額の利益を生み出せるかどうか、確認する必要がある。その準備が完了した時に始めて、社員を採用する準備が整うことになる。

　出版互助会の利益の第一は、出版を希望する著者の利益、第二は、出資した会員の利益、第三は、出版会の利益、第四は、大学の利益である。この経営の原型を踏まえ

れば、出版会の第一の存在意義は、会員の出版経費をいかほど節約したかではなかろうか。また第二は出資者への配当益、第三は人件費を賄う出版会の収入、第四は三重大学の利益、となるだろう。ならば、まず、出版会の損益決算書では、会員の出版経費をいかほど節約したかを数値化して、表示する必要がある。生活協同組合が企業会計とは別に、独自の組織会計を実現していることが参考になる。生協型会計を真似れば、出版共済にふさわしい損益計算書を作成することができるのではないか。それも無理のない形で、出版会が必要とする決算書に向かってゆっくり移行することが望ましい。

　現在進んでいる三重大学出版会の損益計算書は、問題点を検証しながら順次、この新しい情報表示に向かって移行している。その計算の始点は、原稿を受領し、出版を決める時に、著者に次のような原稿操作をお願いする事から始まる。

　　１）著者が希望する最寄りの出版社３社に原稿を送り、見積書を収集する。

　　２）三重大出版会が最寄りの印刷所３社に原稿を送り、見積書を収集する。

　　３）両者が見積書を照合し、その差額を確認する。（これを著者の節約額と呼ぶ）

　　４）この著者の節約額を基準として、著者と出版会とは出来上がった図書の買取契約を結ぶ。（節約額を目安に図書を買い取って頂く。ただし教科書の場合は無料。）

　出版不況の昨今、大方の出版社は自費出版部門を併設している。学術書の場合、著者が出版を希望する在京の出版社に原稿を送り、見積もりを依頼する。すると、担当編集者の丁寧なコメントと出版見積書とを届けてくれる。この応答の仕組みを使うことで、著者は必要なら大手の出版社と出版契約を結ぶことが出来る。

　一方、この原稿を預かった三重大学出版会は、それを取引する印刷所に送って、印刷見積もりを取る。こうして集めた出版見積書・印刷見積書を照合し、その差額（節約額と呼ぶ）を使って著者との自著買取契約を結ぶところから始まる。単純に云えば30万円の節約が有れば、30万円分の自著を著者の「配り本」として買い取って頂く手順である。これは出版社から言えば、本来、出版社の役務費・営業費に相当する。その上、出版見積額から印刷見積額を差し引けば、著者の目にも一般出版社における人件費・諸経費の見当が付く。その見当が付けば、著者の諒解を得ることは難しくない。三重大学出版会はその差額（節約額）の図書買取をお願いすることで経営を成り立たせる。なお著者の原稿が版組・文字組まで原寸通りに整形されている場合は、印刷所との折衝に成功すれば、印刷所の製版費部分を節約する事が出来る。この金額は印刷費全体の約1/3を減額することを意味する。

　ちなみに1998年(㈱三重大学出版会操業開始)から最近2018年までの実績（129点出版）を元に推計すると、過去20年間で執筆者の節約は10,800万円程度まで進んだことになる。

印刷原価の切り下げ後

　次に、その差額（節約額）を算定する上で工夫を重ねるべきことが１つある。三重大出版会が見積もりのためにリクルートする印刷所はこれまでの実績を評価し、その実績基準で選別した上で、常に「相見積もり」を取ることである。有り触れたことではあるが、これをきっちり10年間持続すると、年間３％程度、自然に見積価格が切り下げられる。すると10年後には、計算上で云えば、印刷費の原価は半額以下になる。印刷原価が1/2になれば、制作部数は半減しても制作費は10年前の図書価格と変わらない。

　この出版不況を通じて、図書の販売数は1/2に減少し、図書の出版点数は２倍に増えた。単純に言えば、図書販売の減少を補うために編集者が２倍働いたが、１点当たりの販売数は1/4に減った。学生数が多く、大学数が多く、公官庁に大企業まで集中する大都市圏には購買者も多い。新聞・ラジオ・テレビ・週刊誌・月刊誌もそれぞれの立場から図書情報を拡散している。大都市圏の出版社は圧倒的に優位な情報環境下であたかもショッピングモールのテナントのように出版事業に取り組んでいる。これと同じ業態、これと変わらぬ営業では、地方大学は出版事業に手出しが出来ない。

　だが、この現状でも印刷価格の切り下げは、製造原価の切り下げにはつながる。原価の切り下げは、在京の一般出版社と少部数出版の三重大学出版会との図書の価格差を現状水準で維持することを意味する。これ以上に価格差が広がることになれば販売不振を免れないが、今のところその心配はない。

　次にこの図書制作費の切り下げが進むと、著者と行う最初の折衝で「在京の一般出版社より100万円は節約できると思います。」と切り出すことが出来る。著者が収集する一般出版社の出版見積書と三重大学出版会が収集した印刷見積書との差額（節約額）が実際に100万円を越すことを図書制作の過程で可視化することもできる。出版費の特徴は出版部数が1/4に減少しても、出版費全体は1/4程度しか減少しないことにある。人件費・印刷費・広告宣伝費・その他諸経費がほぼ固定化されているためである。このため印刷価格の切り下げが進むと、一般出版社の出版見積書と三重大学出版会の印刷見積書との差額（節約額）は拡大する。結果的に、100万円以上減額された出版契約を結ぶことができるようになる。

　ただし、出版見積書と印刷見積書との価格差（節約額）を使って著者と自著買取契約を取り結ぶと、著者の買取部数は増加することになる。それでは著者の買取部数が300冊にもなって著者の「配り本」にしては多すぎるケースができる。このため、印刷費の減額を進める過程で著者の買取部数をゆっくり減数して、現在は150部まで縮小した出版契約書を用意している。自著の買い入れ部数を削るか（著者の負担金額は縮小する）維持するか、著者の選択幅が広がるに越した事はない。その仕組みを出版事業

に組み込むことで、出版会の営業基盤は透明化される。

自主販売・直販

　最後にもう１つやるべき事が残っている。出版社が制作した図書は、制作原価の約60%で出荷され、小売り店に配達される。取り次ぎと小売り店との利益配分は20%：20%と区分されている。ところが三重大学出版会の場合、学内向けの教科書が売り上げの約１/３を占める。この教科書もまた、小売り店→取り次ぎ→出版社のルートを通って受注され、納品され、販売される。当然、利益を出来る限り縮減して運営する出版互助会型の出版社は、取り次ぎと小売り店との利益配分額、20%：20%を、教科書価格に上乗せしなければならない。この取り次ぎと小売り店との利益配分額は、本来、学内の著者に配分して良い費用で、その配布実現のためには著者の協力が必要となる。著者の原稿が版組・文字組まで原寸通りに整形されていると、印刷所の手間が縮小し、印刷費が１/３程度、減額可能になる。その上に、著者から図書の売り場まで直接指定して頂ければ、著者に追加の編集料を支払うことが出来る。取り次ぎ→小売り書店を中抜けして出版社が行う直販になる。ネットショップのアマゾンもこの中抜けで図書を販売するが、その場合は、出版社からアマゾンへの納入価格が約60%で、取り次ぎ→小売り書店の利益配分額、20%：20%をアマゾンが吸収している。

　だがともかく、ここまで来れば、諸経費の削減、キャッシュの減少予防を重視する三重大学出版会の運営は、終着点を迎える。併せて、現下の出版大不況を克服することができる。現在のところ、これ以上に出費を縮減する方策は見つからないからである。

出版不況は続く

　仮に図書の消費が今後共に減少したとしても、感受性を高める、思考を形成する、論理を点検する、現象を構造化する、問題対処を共有化するという、人類固有の言葉と文字の役割は変わらない。時間を識別し言語化する事がなければ、歴史もアーカイブも伝統も紙くずになる。大学には、会員なら誰でもいつでも、最適な手順、最適な装丁、最適な負担で図書を出版することができる仕組みが必要なことも変わらない。ただし、「著作料を稼ぐことができる。」ツールとしての図書出版は「幻想」だったと悟る時代はすでに始まっている。その「期待」はたかだか100年で命脈つきて霧散する「幻想」である。それでもなお、大規模な入試、大規模な教育サービス、大規模な研修サービス、皆に調べる時間がない職場、一律・一斉・均一性が価値を生む職場、予習・復習・備忘が欠かせない職場、すなわち大学のような職場には、活字媒体の情報ツールは欠かせない。

1936年、米国イェール大学の創立記念日に招待された慶應義塾塾長はアメリカの主要大学を視察した後、帰国して慶應義塾出版会の設立に取りかかっている。こうして1937年に設立された日本最初の大学出版会は、1957年に無事、出版点数150点を数えることが出来た。第二次世界大戦をかい潜っての20年間であることを思えば、「しのびがたきを忍ぶ」20年であったことは疑いない。その出版会を支えたのは当時慶応に在籍した小泉信三塾長（1933-1946 皇太子教育係）であった。三重大学出版会が創始する「互助会型の出版社」の20年がその不屈の意志に匹敵するとは思わないが、素人集団が運営する地方小出版会でさえこの程度のことは出来るという証拠にはなりたいと思う。今後とも三重大学を存立基盤とする三重大学出版会には、ややもすれば大学に依存する体質が生まれやすい。しかし、依存して良いのであれば、出版会に経営者は不用になる。もともと「出版互助会」として出発した三重大学出版会は、会員自身の支援・協力を生かして自立するための工夫でもあった。これまでの20年間は、単純化すれば初歩の躓きを回復し、立ち直るための20年間だと要約する事が出来るが、この後の20年間は、本物の経営者による創意と工夫に満ちた正真の経営が出現する20年だったと要約される「歴史」になることを期待したいと思う。

「漁船の修理（白塚漁港）」（春秋 40 号）

三重大学出版会の明るい未来—これからの２０年

内田淳正

　正式に発足以来20年、紆余曲折を経ながら継続しているのは関係者の高い志と無私の努力に負うところを大とします。

　現在の出版事業は多くの問題点を抱えています。まず、市場規模は年々縮小していますが、それでも１兆0515億円程度の売り上げを維持しています。販売業で１兆円の売り上げを誇る企業は５－６社であることからすると立派と言えるでしょう。著しく減少しているのが「雑誌」類です。スマホやタブレットで雑誌が読めるようになったということが売上低迷の原因の一つと言われています。小説などの文芸書も厳しいようですが、健康などに関する生活実用書、自己啓発書、児童書の領域は高い売上高を保っています。小説が売れなくなっているのは作家の多作による供給過多により作品そのものが面白くなくなっているのも原因ではないかと思います。最近感動までしなくても繰り返し読んでみたいと思える小説に巡り会えないのは私だけではないでしょう。知り合いの有名作家は２週間に１冊上梓するとのことです。そんなに書けば上質で興味深い作品などできるはずがないと思いますが皆さんどのように考えますか？

　低迷からの脱出を計るため出版業界が新たに打ち出したビジネスモデルが「電子書籍」ですが、思ったほどの需要が無く売上が低迷しています。コミック電子書籍は人気を博しているようですが、その他は伸び悩んでいます。前に戻って読み返すことが煩雑なのが紙媒体とは異なるので読書愛好家には好まれないのかもしれませんが、改善の余地はあるでしょう。デジタルコンテンツが人気を博しているこの時代に、電子書籍の魅力を最大限に表現する方法があるはずです。例えば、スマホやタブレットに何十冊、何百冊も入れて一緒に持ち運べること、文字を拡大する機能を使えば私などの高齢者でも苦痛なく読めることを強調すればよいでしょう。

　販売までの流通の仕方にも変化がみられます。2017年にアマゾンが出版社と直接やり取りをするという販売方法を開始しました。これは「取次業者がいらない販売方法」で、今まさに業態の変革が起きようとしています。書店の数が減少するのは当然の経済原理でしょう。ただ、私などは書店をブラブラしながら本を探していて、偶然に興味ある書籍に巡り会った喜びは格別なものです。

　出版社ではベネッセHD が圧倒的な売上を記録しました。ベネッセHDは子供向けの教材の販売をしていることで有名な企業です。進学に向けての本格的な準備を行おうとする家庭が非常に多くなり、学習教材が多く売れたことが原因の一つに挙げられます。この現象は大学出版にとって追い風です。この波に乗らない手はないでしょう。

紙媒体から電子書籍への転換、書店での買い上げから直接購入へと出版業界の変化は著しい状況ですが、読み物の需要が無くなるということはなく、時代の流れがオンラインやインターネットの方向へ向かっていっていることも電子情報の扱いには精通している大学出版にとって有利な状況です。

　三重大学出版会は三重大学教職員等の学術出版物の刊行はもとより、地域社会の新しい文化の育成を責務としつつ、従来の一般的な出版業務をさらに拡充する方針を持つところに特色とするとあります。

　新たな知識としての研究成果を公表したり普及する手段として、理系ではレベルの高い国際的情報誌が数多くあるため大学出版会を利用する機会は少ないでしょうが、文系の学問領域ではある研究におけるスタンダードな知識を伝える道具としてのテキストブックといった著作物の安定供給が不可欠と思います。そのため大学出版は重要な役割を果たしているはずですが，さまざまな新しいスタイルのテキストブックの企画のプロデューサーが教員であり出版会はあくまで受け身としての活動のようにみえます。マスプロ教育の時代は1冊でまかなえたテキストがカリキュラムの多様化により多くのテキストブックが必要となり、販売にとってはプラスに働いていません。このような多品種少量出版という新たなニーズに対応しやすいのが大学出版と思いますが皆さんの考えはいかがですか？

　経済性を確保できる学術出版とは出版会の編集に架かっていると言っても過言ではないでしょう。

　大学の研究は分析的学問を中心として進歩し、近代の発展を支えてきました。分析することは一つの事象を分断することであり、そのことからすると研究すればするほど創造力欠落する人間になるとの皮肉を込めた言葉が生まれてきます。しかし、人間の総合的評価は個々の事象を結び合わせる力によって決まってきます。例えは変かもしれませんが、先日のワールドカップラグビーを見ていて勝者は常に個を統合した側に輝きました。

　出版における編集とは「企画をたて、素材を収集し、整理し、構成する知的労働の過程」とあります。分析による断片的情報はコンピュータでも可能でしょうが、優れた分析には個の感性が求められます。豊かな分析情報を統合し、素晴らしい書籍とするのは人間にしかできません。三重大学出版会として喫緊にすべきことの一つは個々の教員の出版に対するニーズを把握することでしょう。三重大学の多くの優秀な人財が大学出版会に関係なく興味ある書籍を発刊しています。それはひとえに教員の希望をとらえていないことによる表れではないでしょうか。編集部の人材不足によるとの

言い訳はあるでしょうが、それならその解消のために大学出版部にする方策を考えなければならないでしょう。

　もう一つはテキストブックの積極的な出版でしょう。大学はもとより高校や小中学校に拡げることも夢見ましょう。教員や学生が講演会やセミナーに参加できるように後援したりすることにより、編集者と学生教員がアイデアの交換ができるようしなければなりません。そしてベネッセやアマゾン戦略に学ぶことも大切です。

最後に編集について考えてみましょう。編集、edition とは英語の語源で公にすること、発表することであり、そのための準備作業です。専門職です。三重大学の中に編集の学科が存在してもよいぐらいです。多くの編集者集団に支えられた出版会が必要です。

　夢を大きく膨らませましょう。その先にはOxford University Pressがあります。

「津ヨットハーバー」（春秋 40 号）

三重大学出版会

Mie University Press

Address　1577 Kurima-machiya-machi Tsu-shi, Mie-ken 514-8507 Japan

Phone　+81 (0)59 232 1356

Fax　+81 (0)59 232 1356

Email　mpress@bird01.ocn.ne.jp

Web　http://www.mpress.sakura.ne.jp

History

　The Mie University Press was established in 1988 for the promotion of academic studies in and around Mie.

The Press was reorganized in 1998 and became incorporated.

We produce about 10 new titles annually and have published over 100 titles thus far.

Main Types of Publishing / Main Subjects

　Promotion of the Academic works

How to Order

　Our titles are available at any bookstores in Japan.

三重大学出版会発起人名簿

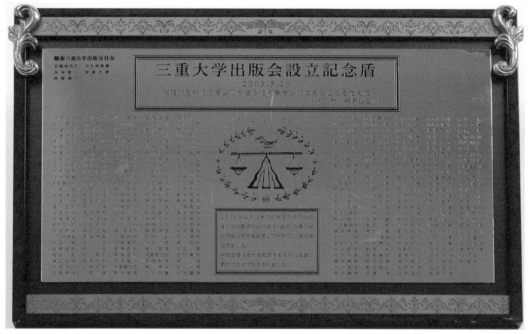

三重大学出版会設立記念の盾（2003.05.20）に記された発起人名簿です。
出資名簿を兼ねていました。

三重大学出版会発起人名簿

10周年を記念して作成された三重大学出版会設立記念盾（前頁写真）に
刻まれた名簿（記載順に列記）

・矢谷隆一	・太田美代子	・新居淳二	・岩崎元郎
・武村泰男	・長井 務	・荒川哲郎	・弓場 徹
・安達六郎	・松岡武夫	・伊藤彰男	・栗原輝雄
・八島茂夫	・服部忠一朗	・伊藤隆司	・姉崎 弘
・湯川隆子	・佐久間美明	・伊藤敏子	・下村 勉
・石原明徳	・岡本一朗	・上垣 渉	・桂 直美
・妹尾允史	・藤城郁哉	・河崎道夫	・須曽野仁志
・田中皓正	・椎野 努	・川口元一	・宮崎彰男
・谷山鉄郎	・増田守男	・黒川都史子	・東 晋次
・加藤忠哉	・安食和宏	・佐藤年明	・伊佐地秀司
・鈴木基義	・東 廉	・佐藤廣和	・藤原和好
・平野喜一郎	・尾西康充	・高橋昌子	・西岡正泰
・八賀 晋	・加藤隆浩	・高橋隆二	・森田芳江
・三宅康二	・児玉克哉	・丹保健一	・明石恵子
・山本 治	・柴田正美	・中島喜代子	・田中利男
・澤 五郎	・島津秀典	・野本健雄	・櫻井しのぶ
・石本剛一	・中川 正	・蓮尾直美	・富永真琴
・坂倉康夫	・西川 洋	・早瀬光秋	・中野 赳
・野坂昭一郎	・朴 恵淑	・廣岡秀一	・樋廻博重
・為田靭彦	・浜 森太郎	・本田 裕	・足立幸彦
・小久保康昌	・山岡悦郎	・増田智恵	・伊奈侊子
・井上 桂	・山中 章	・松本昭彦	・内田淳正
・目崎茂和	・山本真吾	・森脇健夫	・大西和子
・焼田 党	・大河内朋子	・山田康彦	・葛原茂樹
・篠三知雄	・洪 恵子	・山根栄次	・栗林景容
・山本太一	・坂本つや子	・根津知佳子	・小島康生
・佐藤博保	・廣岡義隆	・松岡 守	・篠原春夫
・清水正之	・村上直樹	・成田美代	・白石泰三
・矢本美子	・石阪督規	・河合優年	・鈴木宏治
・中田常男	・工藤康弘	・坂本弘視	・仙波禮治
・出口克己	・宇都宮陽二朗	・乗本秀樹	・田川俊郎
・高橋孝雄	・小川眞里子	・正田 良	・滝 和郎
・小山内 實	・福田和展	・新田貴士	・竹田 寛

- 西村嘉洋
- 登　勉
- 丸山一男
- 三木誓雄
- 水谷　仁
- 山本哲朗
- 吉田利通
- 吉村　平
- 渡辺昌俊
- 珠玖　洋
- 笠井裕一
- 新保秀人
- 豊田長康
- 平川和貴
- 中井直也
- 山際健太郎
- 間島雄一
- 西出りつ子
- 石川睦弓
- 大川明子
- 駒田美弘
- 中西貴美子
- 鎌田春彦
- 山内　徹
- 宮崎つた子
- 片岡智子
- 村木明美
- 鎮西康雄
- 片山直之
- 長井講有
- 阿閉義一
- 池浦良淳
- 伊藤智徳
- 稲葉忠司
- 今井正次
- 加藤光広
- 加藤征三
- 金子　聡
- 川上博士
- 黒崎　靖
- 木村文隆
- 久野和宏
- 小嶋昌俊

- 小竹茂夫
- 小林　淳
- 小林　正
- 佐脇　豊
- 塩見　繁
- 清水　真
- 社河内敏彦
- 鈴木泰之
- 高橋　裕
- 寺島貴根
- 徳田正孝
- 冨田昌弘
- 西尾　悟
- 野村由司彦
- 野呂雄一
- 畑中重光
- 林　照峯
- 平井克幸
- 平松和政
- 松永　守
- 堀部和雄
- 石田宗秋
- 丸山直樹
- 前田太佳夫
- 水谷一樹
- 森野捷輔
- 山下　護
- 吉村哲郎
- 近藤利夫
- 浅野　聡
- 高井宏之
- 八谷　巌
- 宮本啓一
- 小林英雄
- 富岡秀雄
- 浦山益郎
- 桝井文人
- 弓場井一裕
- 遠藤民生
- 清水幸丸
- 佐野和博
- 上野隆二
- 大原興太郎

- 加治佐隆光
- 清澤秀樹
- 久能　均
- 後藤正和
- 近藤雅秋
- 天野秀臣
- 石井　敦
- 石黒　覚
- 石田正昭
- 伊藤信孝
- 佐藤邦夫
- 新垣雅裕
- 高山　進
- 橘　昌司
- 田中晶善
- 中山照雄
- 長谷川健二
- 波夛野　豪
- 朴　拙郎
- 久松　眞
- 福山　薫
- 船岡正光
- 前川行幸
- 三井昭二
- 宮崎照雄
- 森田　脩
- 柏木正章
- 神原　淳
- 栗冠和郎
- ザカリア・ホセイン
- 田口　寛
- 木本凱夫
- 伊澤邦彦
- 伊藤進一郎
- 江原　宏
- 王　秀崙
- 大井淳史
- 小畑　仁
- 大宮邦雄
- 宗宮弘明
- 長屋祐一
- 西川司朗
- 原田泰志

- 三島　隆
- 宮田雅人
- 苅田修一
- 田中雅史
- 菅原　庸
- 松村直人
- 森尾吉成

三重大学出版会役職員名簿

【株式会社三重大学出版会役員および職員名簿1998】

会長　　　　豊田長康（元三重大学学長）

社長　　　　鎮西康雄（元医学部長）

社外取締役　高橋忠之（元志摩観光ホテル総料理長）

　　　　　　林　英哲（和太鼓奏者）

顧問　　　　安達六郎（元理事長）

職員　　　　山田征司

職員　　　　石橋佳代子

職員　　　　浜千　春

　　　　　　伊藤厚貴

Tokyo-Branch Press officer 國場弥生

【株式会社三重大学出版会役員および職員名簿 2003】

取締役会長　　　　武村泰男　　（元三重大学長）

代表取締役社長　　川口元一　　（元三重大学教育学部長）

取締役　　　　　　高橋忠之　　（元志摩観光ホテル総料理長）

取締役　　　　　　林　英哲　　（太鼓奏者）

監査役　　　　　　藤城郁哉　　（元三重大学工学部長）

顧問　　　　　　　安達六郎　　（元理事長）

【三重大学出版会（持株会）2003】

【株式会社三重大学出版会役員および職員名簿 2006】

取締役会長　　　　鎮西康雄　　（元三重大学医学部長）

代表取締役社長　　鎮西康雄　　（元三重大学医学部長）

取締役　　　　　　高橋忠之　（元志摩観光ホテル総料理長）

取締役　　　　　　林　英哲　（太鼓奏者）

監査役　　　　　　藤城郁哉　（元三重大学工学部長）

顧　問　　　　　　安達六郎　（元理事長）

顧　問　　　　　　川口元一　（元社長）

【株式会社三重大学出版会役員および職員名簿 2009】

取締役会長　　　　鎮西康雄　（元三重大学医学部長）

代表取締役社長　　山本哲朗　（三重大学医学教授）

取締役　　　　　　高橋忠之　（元志摩観光ホテル総料理長）

取締役　　　　　　林　英哲　（太鼓奏者）

監査役　　　　　　菅原　庸　（元三重大学副学長）

顧問　　　　　　　安達六郎　（元理事長）

顧問　　　　　　　川口元一　（元社長）

職員　　　　　　　大久保和義

職員　　　　　　　石橋佳代子

【株式会社三重大学出版会役員および職員名簿 2013】

取締役会長　　　　鎮西康雄　（元三重大学医学部長）

代表取締役社長　　山本哲朗　（三重大学医学教授）

取締役　　　　　　高橋忠之　（元志摩観光ホテル総料理長）

取締役　　　　　　林　英哲　（太鼓奏者）

監査役　　　　　　菅原　庸　（元三重大学副学長）

顧問　　　　　　　安達六郎　（元理事長）

顧問　　　　　　　川口元一　（元社長）

職員　　　　　　　大久保和義

職員　　　　　　　石橋佳代子

【株式会社三重大学出版会役員および職員名簿 2018】

取締役会長　　　　内田淳正　（元三重大学長）

代表取締役社長　　濱　森太郎　（人文学部名誉教授）

取締役　　　　　　丹保健一　（元教育学部長）

監査役　　　　　　宮﨑照雄　（生物資源名誉教授）

顧問　　　　　　　安達六郎　（元理事長）

顧問　　　　　　　川口元一　（元社長）

顧問　　　　　　　山本哲朗　（元社長）

顧問　　　　　　　鎮西康雄　（元会長・社長）

三重大学出版会設立までの歩み

三重大学出版会設立の年表

西暦	元号	月	
1988	昭和63	9	三重大学出版会設立準備懇談会発足
			伊藤八郎講演会「名古屋大学出版会の設立と現状」
		11	三重大学教員の著書等出版の要望に関するアンケート調査
1989	平成元	3	三重大学教員の著書等出版形態の要望に関するアンケート調査
		9	三重大学教員の著書の出版予定等に関するアンケート調査
1990	平成2	1	三重大学武田学長へ三重大学出版会設立検討資料提出
		6	飯島宗一講演会「国立大学における大学出版」
		7	三重大学部局長懇談会へ三重大学出版会設立検討資料提出
1991	平成3	1	三重大学出版会設立準備懇談会で「実績作り」のための組織の検討
1992	平成4	12	三重大学出版会設立準備懇談会で「三重学術出版会」設立の検討
1993	平成5	2	武田学長との懇談：「実績作り」の案を説明
		3	三重学術出版会設立準備会開催
		4	三重学術出版会設立（初代会長：安達六郎）
		9	石井彰講演会「売れる本の作製過程」
1997	平成9	1	武村学長へ三重大学出版会の設立を請願
1998	平成10		三重大学出版会設立（初代会長：武村泰男）
			武村泰男講演会「大学における出版活動の意義」
2002	平成14	10	株式会社三重大学出版会設立準備会開催
		11	株式会社三重大学出版会設立（初代会長：武村泰男）

出版会理事名簿

西暦	理事
1998-2000	阿閉義一(工学)・濱 森太郎(人文)・宮﨑　清(教育)・山本哲朗(医学)・武田裕子(医学)・一色　正(生資)
2001-2002	阿閉義一(工学)・濱 森太郎(人文)・宮﨑　清(教育)・山本哲朗(医学)・井上　桂(医学)・高井宏之(工学)・一色　正(生物資源)
2003-2008	阿閉義一(工学)・高井宏之(工学)・今井奈妙(医学)・石黒　覚(生資)・

	金子　聡(工学)
2009-2010	阿閉義一(工学)・須曽野仁司(教育)・森　大輔(工学)・石黒　覚(生資)・篠原春夫(医学部)
2011-2013	阿閉義一(工学)・鎮西康雄(社長・医学)・濱 森太郎(人文)・宮崎　清(教育)・波多野　豪(生資)・篠原春夫(医学部)
2014-2015	木村文隆(工学)・鎮西康雄(社長・医学)・山本哲朗(医学)・濱 森太郎(人文)・丹保健一(教育)・徳田博美(生資)
2016-2017	竹尾　隆(工学)・山本哲朗(医学)・吉丸雄哉(人文)・和田　崇(教育)・徳田博美(生資)
2018-2019	濱 森太郎(人文)・島岡　要(医学)・浅野　聡(工学)・徳田博美(生資)
2019 年 5月 補充	安食和宏(人文)・山口泰弘(教育)・金岩　稔(生資)
2020-	濱 森太郎(人文)・梅川逸人(生資)・藤田伸也(人文)・島岡　要(医学)・鶴原清志(教育)・池浦良淳(工学)・金岩　稔(生資)

役員名簿

三重大学出版会

西暦	会長	社長	社外取締役	顧問
1998	豊田長康	鎮西康雄	高橋忠之・林　英哲	安達六郎

株式会社三重大学出版会

西暦	取締役会長	代表取締役社長	取締役	監査役	顧問
2003	武村泰男	武村泰男	高橋忠之 林　英哲	藤城郁哉	安達六郎
2005	武村泰男	川口元一	高橋忠之 林　英哲	藤城郁哉	安達六郎
2006	武村泰男	川口元一	高橋忠之 林　英哲	藤城郁哉	安達六郎
2009	豊田長康	鎮西康雄	高橋忠之 林　英哲	妹尾允史	川口元一
2010	矢谷隆一	鎮西康雄	高橋忠之 林　英哲	菅原　庸	川口元一
2013	鎮西康雄	山本哲朗	高橋忠之 林　英哲	菅原　庸	川口元一
2016	内田淳正	山本哲朗	丹保健一	武田保雄	川口元一

			濱　森太郎		
2018	内田淳正	山本哲朗	丹保健一 濱　森太郎	宮崎照雄	川口元一 鎮西康雄
2019	内田淳正	濱　森太郎	鎮西康雄 山本哲朗	川口元一	

日本修士論文賞受賞者一覧

第 1 回	平成15年（2003年）	大賞 大賞 論文賞	筒井　正 斎藤武史 古平　浩
第 2 回	平成16年（2004年）	論文賞 論文賞	中村真規子 神松一三
第 3 回	平成17年（2005年）	論文賞 論文賞	吉田　茂 荒川洋子
第 4 回	平成18年（2006年）	論文賞 論文賞	中山淳雄 趙　彦民
第 5 回	平成19年（2007年）	論文賞 論文賞	石橋悠人 寺尾智史
第 6 回	平成20年（2008年）	論文賞	受賞者なし
第 7 回	平成21年（2009年）	論文賞 論文賞	安藤裕子 鄭　方婷
第 8 回	平成22年（2010年）	論文賞	荒木慎也
第 9 回	平成23年（2011年）	論文賞 論文賞	丸山悠輝 平川すみ子
第10回	平成24年（2012年）	論文賞 佳作	堀内健司 松崎　稔
第11回	平成25年（2013年）	論文賞	受賞者なし
第12回	平成26年（2014年）	論文賞 佳作	受賞者なし 高間沙織
第13回	平成27年（2015年）	論文賞 佳作	松永伸太朗 加藤希央
第14回	平成28年（2016年）	論文賞	安齋耀太
第15回	平成29年（2017年）		募集中止
第16回	令和 2 年（2020年）		募集中

株式会社　三重大学出版会
定　款
（平成14年11月制定）

平成14年11月21日　作成

第1章　　総則

（商号）

第1条　当会社は、株式会社三重大学出版会と称する。

（目的）

第2条　当会社は、次の事業を営むことを目的とする。

1．図書の出版及び販売

2．電子出版物の企画編集、発行並びに販売

3．コンピューターソフトウェア、電子画像、電子音、データベースの企画、
　設計、開発、販売及び提供業務

4．前各号に関連する一切の事業

（本店の所在地）

第3条　当会社は、本店を三重県津市栗真町屋町字南新畑１４１５番地２に置く。

（公告の方法）

第4条　当会社の公告は、官報に掲載する。

第2章　　株式

（発行する株式の総数）

第5条　当会社の発行する株式の総数は、6,000株とする。

（株券の種類）

第6条　当会社の発行する株券の種類、株式の取扱は取締役会の定める株式取扱規則
　による。

（株券不発行・寄託制度の不採用）

第7条　株主が株券の所持を希望しない場合、会社は株券を発行しない。また株券を銀行に寄託する取扱は行わない。

（株式の譲渡制限）

第8条　当会社の株式の譲渡は、取締役会の承認を得なければならない。

（名義書換）

第9条　株式の取得により名義書換を請求するには、当会社所定の書式による請求書に記名または署名押印し、これに次の書面を添えて提出しなければならない。
　　　　1．譲渡による株式の取得の場合には、株券
　　　　2．譲渡以外の事由による株式の取得の場合には、その取得を証する書面および株券

（質権の登録および信託財産の表示）

第10条　当会社の株式につき質権の登録または信託財産の表示を請求するには、当会社所定の書式による請求書に当事者が記名または署名押印し、これに株券を添えて提出しなければならない。その登録または表示の抹消についても同様とする。

（株券の再発行）

第11条　株券の分割、併合、汚損等の事由により株券の再発行を請求するには、当会社所定の書式による請求書に記名または署名押印し、これに株券を添えて提出しなければならない。
　　　②　株券の喪失によりその再発行を請求するには、当会社所定の書式による請求書に記名または署名押印し、これに除権判決の正本または謄本を添えて提出しなければならない。

（手数料）

第12条　前3条の定める請求をする場合には、当会社所定の手数料を支払わなければならない。

（株主名簿の閉鎖および基準日）

第13条　当会社は、営業年度末日の翌日から定時株主総会の終結の日まで株主名簿の記載の変更を停止する。

②　前項のほか、株主または質権者として権利を行使すべき者を確定するため必要があるときは、あらかじめ公告して一定期間株主名簿の記載の変更を停止し、または基準日を定めることができる。

（株主の住所等の届出）
第14条　当会社の株主および登録された質権者またはその法定代理人もしくは代表者は、当会社所定の書式により、その氏名、住所および印鑑を当会社に届け出なければならない。届出事項に変更を生じたときも、その事項につき、同様とする。

第3章　　株主総会

（招集）
第15条　当会社の定時株主総会は、毎営業年度末日の翌日から3カ月以内に招集し、臨時株主総会は、必要に応じて随時これを招集する。

（招集権者・議長）
第16条　株主総会は、法令で別段の定めのある場合を除き、代表取締役が招集し、かつ議長となる。

②　代表取締役に支障あるときは、取締役会で予め定めた順序により他の取締役が招集する。

（招集地）
第17条　株主総会は本店所在地または隣接地において開催する。

（決議方法）
第18条　株主総会の決議は、法令に又はこの定款に別段の定めのある場合を除き、出席した株主の議決権の過半数をもって決する。

第4章　　取締役、取締役会、代表取締役および監査役

（員数）

第19条　当会社の取締役は3名以上10名以内とし、監査役は2名以内とする。

（選任）

第20条　当会社の取締役及び監査役は、株主総会において選任する。

② 前項の選任決議は総株主の議決権の3分の1以上に当たる株式を有する株主が出席し、その議決権の過半数をもって行う。

③ 取締役の選任については、累積投票によらない。

（任期）

第21条　取締役の任期は、就任後2年内の最終の決算期に関する定時株主総会の終結の時までとし、監査役の任期は、就任後4年内の最終の決算期に関する定時株主総会の終結のときまでとする。

② 任期満了前に退任した取締役の補欠として、または増員により選任された取締役の任期は、前任者または他の在任取締役の任期の残存期間と同一とする。

③ 任期満了前に退任した監査役の補欠として選任された監査役の任期は、前任者の任期の残存期間と同一とする。

（代表取締役）

第22条　取締役会の決議をもって、取締役の中から、代表取締役1名を選任する。

（取締役会の招集及び議長）

第23条　取締役会は、代表取締役がこれを招集し、かつ議長となる。

② 代表取締役に事故があるときは、あらかじめ取締役会の定める順序により、他の取締役がこれにあたる。

③ 取締役会の招集通知は、会日の3日前に各取締役に対して発するものとする。但し、取締役全員の同意があるときは、招集の手続きを省略することができる。

（報酬）

第24条　取締役および監査役の報酬は、株主総会の決議をもってこれを定める。

第 5 章　　　計算

（営業年度）
第25条　当会社の決算期は、毎年 4 月 1 日から翌年 3 月末日までの年 1 期とする。

（利益金処分）
第26条　利益金は株主総会の承認を得て処分する。

（利益配当）
第27条　利益配当金は、毎営業年度末日現在の株主名簿に記載された株主または登録
　　　　質権者に対して支払う。但し支払確定日から 3 年以内に受領されないときは、
　　　　当会社はその支払義務を免れるものとする。

　　　第 6 章　　　附則

（設立に際して発行する株式）
第28条　当会社の設立に際して発行する株式の総数は、211株とし、その発行価額は
　　　　1 株につき 5 万円とする。

（最初の営業年度）
第29条　当会社の最初の営業年度は、当会社成立の日から平成15年 3 月31日までとす
　　　　る。

（最初の取締役および監査役の任期）
第30条　当会社の最初の取締役および監査役の任期は、就任後 1 年内の最終の決算期
　　　　に関する定時株主総会の終結のときまでとする。

（最初の取締役および監査役）
第31条　当会社の最初の取締役および監査役は、次のとおりとする。

　　　　　　取締役　武 村 泰 男　（矢谷隆一）　　　空席（2011/6/7以後）
　　　　　　取締役　　　　　　　　　（鎮西康雄）
　　　　　　取締役　高 橋 忠 之

取締役　林　　　英　哲
　　監査役　藤　城　郁　哉　　（妹尾允史）

（発起人の氏名、住所および引受株数）
第32条　発起人の氏名、住所および発起人が引き受けた株式の数は、次のとおりであ
　　る。

　　三重県津市広明町162番地23　　　　　　　（津市観音寺町799-57)
　　武　村　泰　男　211株　　　　　　　　　（矢谷隆一　210株）
　　　　　　　　　　　　　　　　　　　　　　（津市河辺町3510-3)
　　　　　　　　　　　　　　　　　　　　　　（鎮西康雄　　1株）

　以上株式会社三重大学出版会を設立するため、この定款を作成し、発起人が次に記
名（または署名）押印する。

　　平成14年11月21日
　　　発起人　武　村　泰　男

刊行物カタログ

【直販】送料無料。　申込先：mpress01@bird.ocn.ne.jp

2020年度

175　ドイツの庇護権と難民問題（出版予定）　安斎耀太著

174　三重大学出版会二十年史　二十年史編集委員会

173　ミランダ語がうまれたとき－ポルトガル・スペイン辺境における言語復興史
　　　　　　　　　　　　　　　　　　　　　　　　　　　¥5,630+税　寺尾智史著

172　続続・理事長の部屋から　¥2,720+税　竹田　寛・竹田恭子著

171　（2刷）アニメーターの社会学―職業規範と労働問題―
　　　　　　　　　　　　　　　　　　　　　　　　¥2,400+税　松永伸太朗著

2019年度

170　（3版)医療人の基本知識 ¥1,900+税　鈴鹿医療科学大学編

169　（3版)医療人の底力実践 ¥1,800+税　鈴鹿医療科学大学編

168　日本修士論文賞 佳作　動物セラピーの政策学　¥2700+税　中村智帆著

167　（2刷)続理事長の部屋から ¥2700+税　竹田　寛・竹田恭子著

166　続理事長の部屋から ¥2700+税　竹田　寛・竹田恭子著

165　女王卑弥呼が都した邪馬台国に到る ¥2000+税　宮崎　照雄著

2018年度

164　（2版)テロメア寿命 ¥940+税　樋廻博重著

163　「生きる力」論批判 ¥2680+税　佐藤年明著

162　（2刷)自分ごととして考えるこれからのエネルギー教育 ¥1600+税　平賀伸夫著

161　芭蕉庵の終括 2200円＋税　濱 森太郎著

160　壺の魅力 ¥5500+税　中嶋 寛著

2017年度

159　世界の秘境を訪ねて ¥1600+税　中嶋 寛著

158　自分ごととして考えるこれからのエネルギー教育 ¥1600+税　平賀伸夫著

157　橋本左内―その漢詩と生涯―（増補版）　¥4400+税　前川正名著

156　地球儀学入門 ¥16,200+税　宇都宮陽二朗著

155　アニメーターの社会学―職業規範と労働問題― ¥2,400+税　松永伸太朗著

2016年度

154　(再版)医療人の基本知識　¥1,900＋税　鈴鹿医療科学大学編

153　(再版)医療人の底力実践　¥1,800＋税　鈴鹿医療科学大学編

152　持続可能な社会を考えるエネルギーの授業づくり

　　　　　　　　　　　　　　　¥1,200＋税　永田成文・山根栄次編

151　松尾芭蕉作『笈の小文』―遺言執行人は何をしたか―　¥2,750＋税　濱　森太郎著

150　石膏デッサンの100年　¥2,800＋税　荒木慎也著

149　理事長の部屋から　¥1,800＋税　竹田　寛・竹田恭子著

2015年度

148　水素核融合に向けての基礎的諸問題　¥4,500＋税　冨田達也他著

147　衛生動物学の進歩(第2集)　¥6,000＋税　松岡裕之他著

146　日本のアルミニウム産業―アルミニウム製錬業の興隆と衰退―

　　　　　　　　　　　　　　　　¥4,500＋税　三和　元著

145　60歳からの成長　本体1380円　内田淳正著

144　(再版)ファッショナブル衣生活　¥2,000＋税　増田智恵他著

143　(再版)温泉とは何か―温泉資源の保護と活用　¥2,100　森　康則著

2014年度

142　(2刷)温泉とは何か―温泉資源の保護と活用　¥2,100　森　康則著

141　フランス初等教育史―1815-1830―　¥6,000＋税　神山榮治著

2013年度

140　フレーズで学ぶはじめての中国語　¥1,900＋税　康鳳麗他編

139　医療人の基本知識　¥1,000＋税　鈴鹿医療科学大学編

138　医療人の底力実践　¥1,000＋税　鈴鹿医療科学大学編

137　続・院長の部屋から　¥1,400＋税　竹田　寛・竹田恭子著

136　ファッショナブル衣生活　¥2,000＋税　増田智恵他著

135　三重大学のあゆみ　¥8,360＋税　三重大学・三重大学全学同窓会編著

134　大人の仕事シリーズ、サクラマスの飼育手帳　¥840　魚住一三著

2012年度

133　京都議定書後の環境外交　¥2,100　鄭　方婷著

132　哲学教室、因果の探求　¥1,200　秋元ひろと編著

131 温泉とは何か－温泉資源の保護と活用 ¥2,100 森 康則著

130 政権変革期の独禁法政策 ¥3,570 吉田 茂著

2011年度

129 花栗句集 ¥1,440 石橋佳代子編

128 院長の部屋から ¥1,260 竹田 寛箸・竹田恭子絵

127 地質要因から見た安全安心な斜面管理 ¥2,100 相澤泰造著

126 涼山彝族の言語と文字 ¥2,100 福田和展著

125 反核都市の論理 ¥2,100 安藤裕子著

2010年度

124 （2版）経度の発見と大英帝国 ¥2,100 石橋悠人著

123 西鶴のビジネス指南―『日本永代蔵』の経済と経営― ¥2,310 國場弥生著

122 現代中国とモダニティ ¥2,940 代田智明著

121 テロメア寿命をめざして ¥987 樋廻博重著

120 明治・大正の日中文化論 ¥2,520 藤田昌志著

119 宇和海まき網の経済 ¥2,940 田中皓正著

2009年度

118 経度の発見と大英帝国 ¥2,100 石橋悠人著

117 アメリカ先住民の日々 ¥2,415 Elsie Clues Parsons編、神徳昭甫訳

116 語り合う文学教育 ¥2,100 藤原和好著

115 日本語語彙表現エッセンスⅠ・Ⅱ ¥1,100 藤田昌志著

2008年度

114 事例に学ぶ 機械力学・計測・制御 ¥ 980 野村由司彦編

113 事例に学ぶ 熱・流体力学 ¥1,365 野村由司彦編

112 事例に学ぶ 材料力学 ¥534 野村由司彦編

111 事例に学ぶ 機械加工 ¥ 902 野村由司彦編

110 事例に学ぶ 情報・マイコ ¥727 野村由司彦編

109 事例に学ぶ モータ・ノイズ ¥960 野村由司彦編

108 事例に学ぶ 材料物性 ¥876 野村由司彦編

107 事例に学ぶ 材料物性 ¥1,115 野村由司彦編

106 事例に学ぶ 電気電子概論 ¥630 野村由司彦編

105　農、教育、人生　¥1,260　大原興太郎著

104　(3版2刷)DRILL for Mechanical Engineering Vol.1, 2

各¥1,995　鈴木実平他著

103　「自然」の探求　¥1,200　片倉望編著

102　松尾芭蕉作『野ざらし紀行』の成立　¥3,780　濱　森太郎著

101　パプア・ニューギニア小説集　¥987　マイク・グレイカス編、塚本晃久訳

2007年度

100　新自由主義改革と日本経済　¥1,890　櫻谷勝美・野崎哲哉著

99　ヴィクトリア朝の戯画と文学　¥2,520　篠三知雄著

98　驚きの猿文化　¥2,520　上島　亮著

97　満州愛国信濃村の生活　¥1,800＋税　趙　彦民著

96　ボランティア社会の誕生　¥1,995　中山淳雄著

2006年度

95　Phosphodiestrase and Intracellular Signaling　非売品　Toshiro Tagawa　監修

94　(３訂)DRILL for Mechanical Engineering Vol.1 & 2　各¥1,995　鈴木実平他著

93　法則探検にでかけよう　¥1,890　法則研究プラザ編著

92　ジョン・ドス・パソスを読む　¥2,310　廣瀬英一　著

91　有限と無　¥1,200　遠山敦編

2005年度

90　(改訂)DRILL for Mechanical Engineering Vol.1, 2　各¥1,995　鈴木実平他著

89　「日本テレビ放送網構想」と正力松太郎　¥1,800＋税　神松一三著

88　Jet Wakes and Separated Flows　非売品　社河内敏彦編

87　(改訂)食育のためのおもしろ栄養学　¥987　樋廻博重　著

86　海上の森の物語　¥987　山口淳有著

85　スズキを創った男　鈴木道雄　¥2,200＋税　長谷川直哉著

2004年度

84　(改訂)高等物理学教程　―量子力学編―　¥2,100　阿閉義一著

83　起業するヨンキュウ　¥2,625　田中晧正著

82　(改訂)DRILL for Mechanical Engineering Vol.1, 2　　各¥1,995　鈴木実平他著

81　食育のためのおもしろ栄養学　¥987　樋廻博重著

80　(再販)シミュレーティブ力学　¥1,785　松永守他著

79　経営再建嵐の百日―しなの鉄道のマーケティング　¥1,500＋税　古平　浩著

2003年度

78　お話電気学―電気の物理と回路―　¥2,100　川口元一著

77　新税―法定外税―　¥1,500＋税　斎藤武史著

76　一攫千金の夢―北米移民の歩み―　¥1,500＋税　筒井　正著

2002年度

75　『おくのほそ道』文字データベース　¥5,500　濱　森太郎編

74　PETER SHORT-AN ELIZABETHAN PRINTER　¥5,775　山田昭廣著

73　食事のためのおもしろ栄養学　¥987　樋廻博重著

72　循環型社会における「食」と「農」　¥1,470　石田正昭編

71　(改訂)総合科目「食と農」　¥1,323　石田正昭編

70　三重大学工学部機械工学科教科書Ⅱ　¥1,995　鈴木実平他著

69　三重大学工学部機械工学科教科書Ⅰ　¥1,995　鈴木実平他著

68　巡礼記『おくの細道』　¥1,890　濱　森太郎著

2001年度

67　シミュレーティブ力学　¥1,900　松永守他著

66　(改訂)レーザー光化学―基礎から応用まで　¥2,415　佐藤博保著

65　行間の読める子に―奥能登戦後教育の断面から　¥1,200　阿閉幸子著

64　日振島のはなし　¥5,250　田中晧正著

63　(改訂)入門物理学　¥2,200　長井　務著

62　(改訂)書き方―15週間プログラム　¥840　濱　森太郎著

61　物理学実験　¥1,680　梶谷光男編

60　IMMM2001プロシーディングス　非売品

59　三重県細胞診のあゆみ―30周年記念誌―非売品　日本臨床細胞学会三重支部会編

2000年度

58　(改訂)高等物理学教程―代数・幾何編―　¥2,100　阿閉義一著

57　(三訂)宇宙・地球・生命・ヒト―自然と人間―　¥2,625　阿閉義一編著

56　HIV感染者、エイズ患者から学ぶ　―退官記念論集―　非売品　出口克巳編著

55　教養化学実験　¥1,680　田中晶善著

32　希望と苦悩のアジア　¥2,100　三重大学国連協力推進委員会 編

31　高等物理学教程―代数・幾何編―　¥2,100　阿閉義一著

30　『野ざらし紀行』文字データベース　¥28,000　濱 森太郎編

29　CULTURE AND LANGUAGE ---- VOL.II 【Revised Version】

　　　　　　　　　　　　　　　　　　　　　　　　¥3,500 Edited by Y.Sawada

28　ラテン語入門　¥1,200　奥 貞二著

27　政府の経済活動と市場機構　¥4,600　焼田 党著

26　日振島の昭和史　¥8,400　田中晧正著

1996年度

25　高等物理学教程―力学・電磁気学編―　¥1,500　阿閉義一著

24　現代英語の語法　¥2,200　福井慶一郎著

23　二十一世紀の授業づくり―小・中社会科、生活科、総合学習―

　　　　　　　　　　　¥1,700　山根栄次・三重「個を育てる授業」研究会編

22　(改訂)魂の探究 ―東西の＜魂＞をたずねて―　¥1,200　松井良和編

21　CULTURE AND LANGUAGE ---- VOL.II　¥10,000 Edited by Y.Sawada

20　魂の探究―東西の＜魂＞をたずねて―　¥1,200　松井良和編

19　(改訂)未来からのメッセージ―スウェーデンの福祉・平和・人権―

　　　　　　　　　　　　　　　　　　　　　　　¥1,200　児玉克哉著

1995年度

18　松尾芭蕉の1200日　¥2,100　濱 森太郎著

17　(改訂)宇宙・地球・生命・ヒト ―自然と人間―　¥2,625　阿閉義一編著

16　はじめまして にほんご【英語版】　¥300　伊賀日本語の会編

15　はじめまして にほんご　¥1,500　伊賀日本語の会編

14　現代英米哲学入門　¥1,457＋税　山岡謁郎著

1994年度

13　ゲーデルの無矛盾性証明　¥1,545　松岡典子著

12　ヨーロッパの片隅にて―ブラウニングウェイ物語―　¥2,472　松岡典子著

11　Japan and Peace―日本と平和―

　　　　　　　　　　　　　¥1,500 Edited by S.Takayanagi and K.Kodama

10　Role of Asia in the World ―Population, Food, Energy and Environment―

　　　　　　　　　　　　　　　　　　　　　　Edited by N.Ito and S.Kato

1993年度

9 Global Environment and Friendly Energy Technology 1994

Edited by Y.Shimizu

8 宇宙・地球・生命・ヒト―自然と人間―　阿閉義一編著

7 日本語・日本文学文字データベース演習　濱 森太郎著

6 赤潮研究三十九年録―三重大学安達六郎教授退官記念―　安達六郎著

1992年度

5 MACRO/MICRO/MESO MECHANICAL PROPERTIES OF MATERIALS　Edited by M.Tokuda

4 TRENDS IN LIFE SCIENCE ―Feedback to Bioresources Science―

Edited by T.Takahashi

3 大学生の平和意識 ―三重大学生のケース―　児玉克哉 編著

2 書き方 ―15週間プログラム―　濱 森太郎 著

1 未来からのメッセージ ―スウェーデンの福祉・平和・人権―　児玉克哉 著

Copyright(c)三重大学出版会

初代理事長　安達六郎

水産資源育成学講座

教授

安達　六郎（あだち　ろくろう）　　昭 6.2.19

(学) 昭30.3　東北大学農学部水産学科卒業

(位) 昭47.6　農学博士　東京大学

(幹) 赤潮生物の分類学的研究

(会) 日仏海洋学会　日本原生動物学会　日本水産学会　日本プランクトン学会　日本環境学会　日本環境科学会　日本陸水学会　日本藻類学会　合成洗剤研究会

(歴) 昭35.5　三重県立大学水産学部技術職員　昭40.4　三重県立大学水産学部助手
昭48.4　三重大学水産学部助手　昭53.11　三重大学水産学部助教授　昭62.10
三重大学生物資源学部助教授　平1.4　三重大学生物資源学部教授

(担) 赤潮学　養殖管理学　水産環境学

(研) 赤潮生物　特に養殖被害原因種の分布生態及びその赤潮対策に関する研究　内湾養殖場の環境管理に関する研究　淡水赤潮の種類とその発達推移に関する研究

(担) 赤潮学　赤潮学特論　水族病害防除学

(栄)〔著書〕○ Biological Oceanography of the Northern North Pacific Ocean. (Y. Takenouti と共著)　出光書店　1972　○ Productivity of communities in Japanese inland waters. JIBP Synthesis 10, (S. Mori と共著)　東京大学出版会　1975　○海洋環境調査法（丸茂等と共著）恒星社厚生閣　1979　○赤潮に関する近年の知見と問題点（入江等と共著）日本水産資源保護協会　1980　○原生動物図鑑（猪木等と共著）講談社　1981　○赤潮マニュアル I〜V（安達と入江編）光出版　1981〜1985　○沿岸海域の富栄養化と生物指標（吉住等と共著）恒星社厚星閣　1982　○海洋の生物過程（丸茂等と共著）恒星社厚生閣　1984　○三重県その自然と動物（角田等と共著）三重県良書出版会　1986　○合成洗剤に関する文献資料総覧（三上等と共著）合同出版　1987　○日本産淡水動物プランクトン図説（水野等と共著）東海大学出版会　1990

初代編集長　阿閉義一（工学部教授）

2006年3月29日没

弔　辞

　阿閉さん、身罷られて早3日になるのですね。しかし幽明両界の距離に戸惑いを感じるのは一人私だけでしょうか。もう相見ることは叶わないと承知しているものの、研究室の廊下で「何も食べられんものの、牛乳がうまいんだよ」という声が今にも聞こえてきそうです。

　あなたは、私の勘定に間違いがなければ三重大学に22有余年勤務されました。その間、全学の諸委員、共通教育で、また工学部でとあまたのお仕事を成し遂げられ、三重大学出版会の理事も含めその功績に枚挙のいとまがありません。ですが、ここであえて一つだけ挙げさせていただきたいのは物理工学科におけるAO入試です。あなたの提案で実施に移されたこの入試制度は内外で高い評価を受けております。それに

加えて、この入試実施を通じて教育のあり方が幾度となく議論され、学科全体が良く纏まってきているのです。

　研究面ではチャーム粒子が関与する弱い相互作用と素粒子模型や、ニュートリノ相互作用とゲージ模型等をはじめ多くの業績をあげておられます。しかし、最近のご勉強ぶりからすると、あるいはまだやり残したこともあることでしょう。ところで基礎科学は自らの内的必然性によって発展するものです。一方、昨今における経済性という暴君は容赦なく基礎科学に襲いかかっております。それにもかかわらず、この困難中からでさえも新たな発展の芽生えが期待できるという、歴史の教えに従った確信に誰が疑義を挟みえましょうか。この点において研究の支えとなる教室の発展に、あなたのお力がまだまだ必要であったという無念の気持ちが募るのも事実であります。

　そうは言え、阿閉さん、あなたはもう十分立派な仕事をなさった。意義深い人生を送られた。強い意志力で人生を切り開いて来られたことに敬意を表します。彼岸では杯を傾けながら研究を楽しんで下さい。そちらではあるいは１０次元は普通のことであって取り扱い易いかもしれません。古詩に古希の誉れに並べて言うには、いずくにおいても飲み屋はあるとのこと、我々もいずれはそちらに参ります。教室メンバーがそろった砌にはどうか良い酒を出す店にご案内下さい。このお願いをもって物理工学科を代表しての弔辞と致します。今日、旧暦では弥生の三日、花の便りを思い出の一つとしてまずは静かにお休み下さい、どうぞ安らかに。

2006年3月31日

物理工学科学科長　山下　護

三重大学出版会（仮称）設立のために

三重大学出版会設立準備懇談会

　今日、出版をめぐる状況は学術専門出版が不振といわれており、学術研究成果を刊行する機会がますます狭められてきていると聞いております。

　一方、私たちの三重大学は近年新しい総合大学としての体制を整えつつあります。この三重大学に出版会を設立することは、大学の学術研究の成果を大学自ら公表・普及するという重要な意義をもつに止まらず、同時に地域の活性化を通じて広く三重県内の学術・文化の向上に寄与しうるものと考え、下記の通り提案致します。

記

一、組織の名称

　　組織の名称は、「三重大学出版会」にしたいと考えます。

二、目　的

　　この出版会は三重大学及び三重県内の各大学、教育研究団体、文化団体の活動成果の発表を助成し、また民間出版社において採算上刊行を引き受けないような優良学術図書の刊行頒布、学術講演会等の事業を行うことを目的とします。

三、事　業

　　この出版会は次のような事業を行います。

　1．学術研究及び著作の援助
　2．学術講演会、研究成果発表会及び展覧会等の開催
　3．学術図書及び一般教養書の刊行頒布
　4．学術調査報告書の刊行頒布
　5．各学部などにおける機関紙・年報・その他の報告書の刊行頒布
　6．その他前項の目的を達成するために必要な事業

大学出版部協会３０周年冊子

三重大学出版会

〒514-8507　三重県津市栗真町屋町1577　三重大学内

TEL　　059-232-1356

FAX　　059-232-1356

URL　　http://www.mpress.sakura.ne.jp/

e-mail　mpress@bird.ocn.ne.jp

設立　　1998（平成10年）年1月

組織　　株式会社

　三重大学出版会は1998（平成10）年1月に発足したばかりの清新な団体である。三重大学教職員等の学術出版物の刊行はもとより、地域社会の新しい文化の育成を責務としつつ、従来の一般的な出版業務をさらに拡充する方針を持つところに特色がある。具体的には、三重県がおこなうバーチャル・ユニヴァーシティ・プロジェクト構想との連携を進めて、新しい通信ネットワークを最大限に活用する事業を企画している。

　平成14年10月の株式会社化にともなって営業職員を採用し通常の大学出版会に脱皮しつつある。知名度の向上、商圏の拡大、得意分野の拡充など、解決すべき課題は多い。なお、多方向に開かれたネットワークの中で編集、製版作業をおこない、低コスト化を図りながら、電子出版物、データベースを作成して行く。

　いまよりほぼ15年前1988（昭和63）年9月に三重大学出版会設置準備懇談会を発足させたのが、当会のそもそもの起こりである。その後、教職員の間で出版に関する調査・検討を繰り返しておこない、大学出版会設立にむけての「実績作り」のための準備機関である三重学術出版会（初代会長：安達六郎）を設立した。その間に、出版会を設立することの意義を問い、その必要性を大学の内外に呼びかけるための一方策として、大学出版会に関係する各方面の方々を講師に招いて、講演会を開催してきた。具体的なものをいくつかあげると、88年、伊藤八郎氏「名古屋大学出版会設立と現状」、90年、伊島宗一氏「国立大学における大学出版」、93年、石井彰氏「売れる本の作成過程」、98年、武村泰男氏「大学における出版活動の意義」などである。

　それからほぼ順調に出版物を刊行して、人文・自然科学の多岐にわたる専門的な学術書、大学の共通教育で用いるようなテキスト類、さらには文学作品を解析したデー

タベース等、総計で83点を公刊してきた。

最近の主要出版物

- ・（改訂）レーザー光化学—基礎から応用まで—　佐藤博保
- ・文化の法則を探ろう　中川　正
- ・シミュレーティブ力学　松永守他
- ・DRILL for Mechanical Engineering Vol.1　鈴木実平他
- ・DRILL for Mechanical Engineering Vol.2　鈴木実平他
- ・食事のためのおもしろ栄養学　樋廻博重
- ・PETER SHORT-AN ELIZABETHAN PRINTER　山田昭広
- ・『おくのほそ道』文字データベース（ver1.0）　濱　森太郎
- ・巡礼記『おくのほそ道』　濱　森太郎
- ・日振島のはなし　田中皓正
- ・（改訂）循環型社会における食と農　石田正昭・波夛野　豪

今後の課題

　これまでは大学に拠点を置くネットワーク型のボランティア組織として活動してきた。しかし事務所の維持、在庫管理等、通常の出版社と同じ業務に取り組むために株式会社を設立した。研究・教育・啓発という大学の使命に照らして研究書、教科書、啓蒙書の出版を続けることは従来通りである。その中にあって編集、製版の電子化を進めるとともに電子出版物、データベースの作成等、大学の人材・技術を生かした電子媒体の制作・販売に取り組んでいる。また学術の興隆を願って、「日本修士論文賞」を設け、表彰している。

Mie University Press

Address (Japan)

1577 Kurima-machiya-machi Tsu-shi, Mie-ken 514-8507 Japan

Phone　+81-59 232 1356

Fax　+81-59 232 1356

Email　mpress@bird01.ocn.ne.jp

Web　http://www.mpress.sakura.ne.jp/

History

　The Mie University Press was established in 1988 for the promotion of academic studies in and around Mie.

The Press was reorganized in 1998 and became incorporated.

We produce about 10 new titles annually, and have published over 100 titles thus far.

Main Types of Publishing / Main Subjects

Promotion of the Academic works

How to Order

Our titles are available at any bookstores in Japan.

大学出版部協会３５周年記念冊子

株式会社三重大学出版会

沿革、出版方針

　1998年、㈱三重大学出版会が発足してから今年で20年になる。戦後出来た新制大学では初めての試みだった。大学出版会設立に備えて各種調査をしていた任意団体三重学術出版会の運営期間を加えると、25年が経過したことになる。幸い大きなバブル期にぶつかり、学内でも大学法人化、大学評価、個性や自主性に依拠した大学運営の刷新が議論されるようになった。1996年、矢谷隆一学長から実績を示す意味で任意団体三重大学出版会と名称変更すると同時に、部屋を一室使って良いと提案があった。私たちは密かにアメリカのほとんど無名の州立大学の出版会について研究していた。編集者１名、運が良ければ（本が売れた年には）、会計兼配送係が配置されるという最小の出版会の経営である。これなら、私たちにも可能だと見えた。それで矢谷学長のところに行って100万円の出資をお願いし、合わせて学内から900万円の出資を募った。900万円は順調に集まった。この達成の時、共同募金者だった安達六郎（水産微生物）・阿閉義一（宇宙物理）の両氏は「小泉旋風だ！」と叫んだ。この叫びと共に㈱三重大学出版会は「産声」を上げたことになる。

2013年～2017年の活動履歴、その間の主な刊行物

　これまで図書は売れないことを前提にして経営を成り立たせてきたし、今後もこの姿勢は変わらない。そのため、2013年～2017年まで、５年間に諸経費・運送費・制作費を１/３まで切り下げた。

主な刊行物は以下の通りである。
・地球儀学入門　¥16,200+税　宇都宮陽二朗著
・アニメーターの社会学―職業規範と労働問題―　¥2,400+税　松永伸太朗著
・医療人の基礎知識　¥1,000+税　鈴鹿医療科学大学編
・医療人の底力実践　¥1,820+税　鈴鹿医療科学大学編
・石膏デッサンの100年　¥2,800+税　荒木慎也著
・衛生動物学の進歩（第２集）　¥6,000+税　松岡裕之他著
・水素核融合に向けての基礎的諸問題　¥4,500+税　冨田達也他著

・日本のアルミニウム産業―アルミニウム製錬業の興隆と衰退―　￥4,000+税 三和 元著

・フランス初等教育史―1815-1830―　￥6,000+税　神山榮治著

・三重大学のあゆみ　￥8,360+税 三重大学・三重大学全学同窓会編著

今後に向けての抱負

　これは現在の出版不況の終息が見込める時期に考えることにしている。

大学出版会の役割——独立自営出版の精神

竹中英俊

（北海道大学出版会相談役）

2018年5月30日 於三重大学出版会

はじめに

本日は三重大学出版会創立20年という記念すべき機会にお招きいただきありがとうございます。わたしは、2015年3月に東京大学出版会の常任顧問を退き、足掛け42年の大学出版会での活動に終止符を打ち、その後、広い意味での出版を手伝う趣旨の竹中編集企画室を名乗って、これまでの自分の活動をまとめ、また日本における大学出版会の歴史をまとめることを細々と進めてきましたが、昨年2017年5月より北海道大学出版会の相談役を仰せつかり、再び大学出版会の現場に関わることになりました。

本日、わたしに与えられたテーマは「大学出版会の役割」ですが、そのようなわたしの活動を踏まえて、少しでも皆様に役立つようなお話ができればと願っています。

ただ、一旦現場を離れ、そして今、職員3人と嘱託2人という北大出版会に関わっていて、少しく反省したことを最初に述べておくのが、これから話すことの前置きとして必要だろうと思いました。

それは何かというと、わたし自身、大学出版会は何であるか、何を目指すべきか、その歴史と理念を度々語って来ましたが、それは、やはりわたしが出版人として生きてきた東京大学出版会を基礎にして考えたことであったということです。当たり前と言えば当たり前なのですが、一旦現場を離れ、今、北大出版会に関わることによって東大出版会に一定の距離をとり相対化できるようになったと思います。そのようにしてみて思うのは、東大出版会というのは一つの事例に過ぎませんし、またある意味では極めて特殊な事例であるということです。例えば、わたしがオックスフォー大学出版局やケンブリッジ大学出版局などをみますと、それから学ぶことは多々あるにしても、極めて特殊な事例であると思わざるを得ません。同様、東大出版会も極めて特殊な事例であると見ざるをえないことがあると思ったわけです。

このような見え方がしますと、改めて大学出版会について考え直す必要に迫られました。つまり、大学出版会は個々それぞれの固有の背景があるし、その基盤となる大学も多様であり、大学ないし出版会の規模も多様であり、印刷製本条件も販売取引条件も、その他いろいろなことが多様であることに、頭ではなく、実際に身をもって現

在感じています。

　それ故、大学出版会の理念とか役割とかは、ただ一つのものがあるのではなく、多種多様であっていい、ということに改めて気付かされた次第です。

　例えば、三重大学出版会にヒヤリングしながら2004年に発足した弘前大学出版会は、その調査の結論として「他大学を模倣するのではなく、弘前大学の実情に合った設立案を検討すれば道は拓ける」としていますが、その通りであり、多種多様な大学出版会の一つのあり方を弘前大学出版会は創り出していったと思います。

　したがって、本日は、多様性の中の共通性ということに配慮しながら話したいと思いますが、しかし、わたしの体験は東大出版会を基盤としたものであることは牢固としたものであり、その点を勘案しながらお聞きいただきたいということを最初に断っておきます。ただ一つ、「独立自営出版の精神」が今日のわたしの話しのキーワードであることは念頭においていただきたいと思います。

1．わたしと三重大学出版会との関わり

　あらかじめ、わたしと三重大学出版会との関わりを述べておきます。

　三重大学出版会の歴史をひもといてみますと、ちょうど30年前の1988年9月にその準備懇談会が発足しています。そして4年半後の1993年4月に前身の三重学術出版会が設立され、さらに5年後の1998年1月に三重大学出版会が設立されました。ちょうど今年で20年を迎えたわけです。旧帝大を除いた国立大学系としては初めての大学出版会でした。

　そしてその4年10カ月後の2002年11月に株式会社として改組され、日本修士論文大賞を設置し、その刊行が2003年に始まり、これは2017年に第14回を迎えたわけです。

　わたしの記憶によれば、株式会社化される年の2002年8月に名古屋で開かれた大学出版部協会の夏季研修会において、濱森太郎先生が三重大学出版会について、そして日本修士論文大賞について発表されました。それを聞いたわたしは大いに感動しまして、発表を終えた濱先生に近寄り、声を掛けました。

　ところが、その時に参加していた協会メンバーに意見を聞いてみると、批判や疑問の声があったのです。例えば、大学出版会の所属する大学に対する直接的な貢献とはならない修士論文大賞を活動の柱として掲げるとは「暴挙」であるとか、大学出版会の規模に比して「身分不相応」な試みであるとか、そのような意見がありました。わたしの受けた印象とは異なり驚いてしまったのですが、これは、大学出版会の役割とは何か、大学出版会のあり方はどうあるべきか、についての考え方の違いが現れたということであります。

　翌年、2003年に札幌の東海大学で大学出版部協会夏季研修会が行われました。そこ

で、わたしは編集部会の活動として「出版ケーススタディ」を初めて試み主宰したのですが、その時に参加していた三重大学出版会の営業担当者と会い、その縁でその年の10月に三重大学出版会を訪ねました。当時、編集長を務められていた阿閉義一先生とお会いし、改めて三重大学出版会の考えていることを詳しくお伺いすることができました。そして同年12月に東京の学士会館で開催された第1回日本修士論文大賞授賞式に招かれ、それが今日まで続いているということになります。

2．150年前の大学出版会：福沢諭吉の独立自営出版と福沢屋諭吉

　今年は明治150年ということですが、関係する有識者によりますと、中央政府では全く盛り上がりがない代わりに、地方政府である自治体では、市民と協働する形で、さまざまな取り組みがなされているとのことです。

　大学出版会との関わりで150年前ということを考えますと、わたしは福沢諭吉が慶応4年4月（この年の9月に明治と改元されます）に自分の英学塾を江戸は芝新銭座に移し、時の年号にちなんで慶応義塾と名乗り、そこで独立自営出版を始めたことです。ライフルを操作するマニュアルの翻訳本『雷銃操作　下』というものです。つまり、原稿はもちろん、版下作成、板木彫刻、印刷、製本を自ら職人を雇って行い、ただ販売だけを他に委ねたものです。こうすることにより販売収入のほとんどを自らのものとすることができたのです。

　当時、福沢は幕臣ですが、幕府や藩を離れ、身分を「農民」として、独立して渡世することを決意していました。自らは「読書渡世人」となると手紙に書いています。そして、当時は本屋を営業するには本屋の株仲間に入る必要がありました。株仲間に入ることなく独立自営出版を始めたものですから、本屋仲間から福沢は勝手なことをしているという批判があったため、翌年、明治2年ですが、「福沢屋諭吉」という屋号を得て、さらに独立自営出版を続けました。

　そして慶応義塾は明治4年に三田に移り、翌年5年に慶応義塾出版局を興し、出版の拠点としました。三田の敷地には、関係する職人を集めた仕事場である長屋が作られました。ここから『学問のすゝめ』や『文明論之概略』などの名著が出版され、また義塾関係の非売品を含めた出版物が刊行されました。わたしはこの慶応義塾出版局が大学出版会の先駆組織であり、福沢はメディア戦略家であり、日本の大学出版の祖であると位置付けています。

3．70年前の大学出版会：南原繁の東京大学新聞出版会

　戦後に飛びます。昭和20年12月に南原繁は東京帝国大学の総長に就き、新しい高等教育機関のあるべき姿を模索しました。戦後選ばれた最初の東大総長です。そのある

べき姿の模索は多方面にわたりますが、出版人としての南原繁の姿を見据える時、南原は、東京大学に、新聞研究機関と図書館大学院と大学出版機関いう三つを構想したことが重要です。研究機関と教育機関と出版機関を大学に欠かせない一体のものとして設置しようとしたのです。この構想は、メディアをメディアする、つまりメタメディア戦略家としての南原の姿をよく示していると考えます。

この三つのうち、新聞研究については東大新聞研究所が創設されます（今日の情報学環です）。図書館学大学院構想は文部省の認めることにはならず規模を縮小して教育学部に図書館学講座が設けられました。そして出版機関としては、学内の新聞出版機関を糾合して東京大学新聞出版会を作ろうとしました。それは大学とは異なる独立自営の大学出版会を目指したものでした。

実際に専務理事候補を含めた理事会のメンバーの候補者を揃える段階まで進み、その発足式を1948年秋に開く直前まで行きました。しかし、GHQの大学新聞への用紙配分政策が変更となり、それが新組織の中核と目されていた東京大学新聞社を直撃し、その解散につながり、東京大学新聞出版会構想は幻と終わりました。ちょうど70年前のことです。

学内では1947年から東京大学生協出版部が組織されて49年には『きけわだつみのこえ』というベストセラーを刊行していましたが、その後が続かず解散が決定されました。そして生協出版部にいた有志が大学出版部を作れないかと考え、結局、南原の了解を得て1951年3月1日に営業を開始したのが現在の東京大学出版会となったのです。独立自営出版組織です。

このようにして南原繁を初代会長として東京大学出版会が発足しましたが、その2代目会長に就いたのが矢内原忠雄です。南原も矢内原も内村鑑三の系譜を引く無教会派クリスチャンですが、南原と異なり矢内原は自ら伝道活動を熱心に行いました。1937年に東京大学を追放されますが、その前後も含めて伝道活動を続けていて、その伝道の手段として重視したのが独立自営の定期刊行物および書籍の出版です。教会組織を持たなかった無教会派が「紙の上の教会」と言われる所以です。つまり、矢内原は明確な自覚を持ったメディア戦略家であったのです。

したがって、矢内原が第2代会長として東大出版会を指導するにあたり、明確な理念を打ち出すのは当然と言えるでしょう。「未熟児として誕生した」と東大出版会を捉えていた矢内原は、1956年、東大出版会の5周年にあたり「東大出版会の使命」という文書を発表しました。

それは――大学出版会の使命は次の四つにある。（1）専門学術書の出版、（2）教授資料、教材の出版、（3）大学公開の趣旨に基づく学術的啓蒙書の出版、（4）学生を主な対象とする一般的教養書の出版、というものでした。

この「大学出版会の使命」は、その後、①学術書、②教科書、③教養書・啓蒙書の三種類に整理され、東大出版会の基本方針として今日まで受け継がれていますし、またほかの大学出版会でもその組織の文書に取り入れられています。

4．20年前の大学出版会：三重学術出版会から三重大学出版会へ

　さて、先に述べましたように、20年前の1998年に三重大学出版会が発足しています。そして2002年に株式会社化されています。その年の大学出版部協会の夏季研修会で濱先生がお話をされ、わたしが感銘を受けたこともすでに申し上げましたが、どのような点で感銘を受けたのか、記憶を辿ってみます。

　準備懇談会の段階からで、講師を招いて勉強会が持たれたことが三重大学出版会のホームページに掲載されています。1988年に名古屋大学出版会の伊藤八郎専務理事、1998年の三重大学出版会発足時に国際書院の石井彰さんが講師として招かれています。実は、この石井さんはわたしの長年の友人です。この創設にあたり招かれた時も、事前に彼から相談を受けています。喫茶店で会い、わたしは、三重大学で話をするならば、三重が生んだ偉大な学術出版人である本居宣長の出版に対する姿勢に言及したらどうかとアドバイスしたことを記憶しています。そのことについて彼が触れたかどうかまでは知りませんが、石井さんは、一人出版社の雄です。独立自営出版人です。わたしは彼のその精神を、出版の原点をなすものとして高く評価していましたので、長い付き合いをしたのです。

　名古屋で濱先生のお話を聞いた時も、その独立自営出版の精神が話の全体にみなぎっていましたので、わたしは強い共感を覚えたのです。大学出版の祖である福沢諭吉の系譜を継ぐものである、と。

　三重大学出版会の関係では、もう一人、阿閉先生のことも申し上げなければなりません。先に述べましたように、2003年10月に三重大学にうかがい、阿閉先生とお会いしました。研究室でお話をお聞きした後、津駅前のホテルで一緒に夕食をとりました。先生はアルコールを禁じられていてわたし一人がビールをいただいたことを覚えています。その時にお聞きしたことで印象に強く残っているのは「組織というものは、気狂いが二、三人いれば何とかなるものです」ということでした。「気狂い」という言葉は今は避けられているようですが、当時の先生の言葉を伝える意味で、そして先生の人柄を伝えるために、そのまま使います。

　「気狂いが二、三人いれば」―全くその通りだと共感しました。もちろん、組織というものは二、三人で動かせるものではありませんが、信念と熱意を持った熱心党が二、三人いれば、それが周囲に影響を及ぼし、共感者を得て、輪が回り出すということは、確かなことだと思います。

全く惜しいことに阿閉先生は2006年に亡くなられますが、先生の独立自営の精神は、その後も三重大学出版会に生きているのではないでしょうか。なお、濱先生による「阿閉義一前編集長への追悼文」がネットで公開されていますので、ご参照下さい。

5．今日の大学出版会とその役割

　さて、それでは今日「大学出版会の役割」をどう考えるべきか。先に述べた矢内原忠雄の「大学出版部の使命」は、今でもその基本は生きていると考えますが、1950年代と比べて、大学の役割も大きく変化し多様化し、社会も大きく変化し多様化し、そして学生も読者も大きく変化し多様化している現在、再定義が求められていることは、その通りだと思います。そして、この間、明示的にか黙示的にかは問わないとしても、実際の大学出版会も変化に対応し多様化してきたことも、事実であると思います。

　最初に申し上げましたように、わたしは東大出版会をモデルとして大学出版会の役割を考えてきましたが、今、東大出版会も大変苦しんでいます。そして、今わたしは関わっている北大出版会も大変苦しんでいます。ほかの大学出版会についてもいろいろと聞いています。その意味では、今、「大学出版会の役割」を一義的に言える状況ではないとしなければならないと思います。

　しかし、だからと言って、日本の大学出版会の役割に共通性はなく、個々バラバラであっていいとも思いません。日本の大学出版会には「大学出版会の役割」について一定の共約性を持っていると思います。そして、その共約性をもとに「大学出版会の役割」が個々の大学出版会にカスタマイズされていると考えます。そのカスタマイズされた個々の「大学出版会の役割」を、次には共約性を伴って再定義される、ヴァージョンアップされた「大学出版会の役割」を、大学出版部協会の協働として模索されるべきではないかと考えます。その意味では、一瞬も立ち止まるところのないダイナミックな状況に私たちはいるのではないか、と思います。

　多くの大学出版会の現在を見ていますと、それぞれが厳しい状況にあるのは事実ですが、もしこの苦しみの中から新しい芽を見出すとするなら、それは「所属大学の声」にのみ耳を傾けている大学出版会よりは、「所属大学の声」のみならず「社会の声」により耳を傾けようとする大学出版会に、未来への萌芽があるのではないか。そのように思っています。そして「社会の声」に耳を傾けた成果を所属大学に還流させ、所属大学の知の容量を増やしていくことも「大学出版会の役割」ではないか。それが、明治以来150年、独立自営出版の精神を引き継いできた大学出版会の厚みのある歴史を活かす何事かであると、そのように思います。

　また、現在、一人の優れたメディア戦略家を求めるのが大変に難しい状況にあると

するならば、理念の共約性に基づいた大学出版会どうしでお互いが協働していくことが求められるのではないでしょうか。

　そして、多くの大学出版会の歴史と現状を見ていますと、事情は個々様々でありますが、その大学出版会を中心的に担う人々の世代交替をどう進めるかが極めて重要だということです。世代交替によって「大学出版会の役割」が大きく変化する例があります。古い例ですが、日本において今日まで続く最も歴史ある大学出版会は明治19年に創設された東京専門学校出版局、つまり早稲田大学出版部です。ここには初期から、総長を務めた高田早苗や、作家の坪内逍遥や、図書館長を務めた市島春城が関わっていまして、大正期には独自の印刷所を持つ日本有数の出版社に成長します。しかし彼らがリタイアする1930年代初めには活動が低下し学内出版組織に縮小しています。世代交替によって「大学出版会の役割」が大きく変化した例です。

　今、東海大学出版部もまたその役割を変えつつあります。数年前に東海大学出版会という名称を部と変えましたように、学内組織の一部門として位置付け直され、今後は学内出版組織となると聞いています。わたしは、それがダメだというのではありません。時代の変化に応じて大学出版会の役割を変えるのは十分にありうることだと考えるからです。それぞれがそれぞれに模索しているのだと考えます。

　世代交替について言えば、三重大学出版会もまたその苦労があったと聞いていますが、今、新しい担い手に交替し、次の時代に挑戦すべく尽力されているところだと思います。「大学出版会の役割」は一義的なものではないと申し上げました。三重大学出版会も、その独立自営出版の精神を大事にしつつ、その目指す「大学出版会の役割」を実現されていくと信じています。

　わたしの話は以上です。お役に立つお話しをすることができず、申し訳ありません。ご清聴ありがとうございます。

題字・表紙絵・挿絵の説明

　題字は、三重大学出版会の社長であった鎮西康雄先生にお願いし、表紙絵と各編余白には、三重大学春秋会の「春秋」に掲載された藤城郁哉先生の絵を使用させていただきました。ご揮毫くださった鎮西先生ならびに、絵の掲載を快諾くださった三重大学春秋会と藤城先生には厚く御礼申し上げます。

　挿絵の説明文は、春秋に掲載されたものです。（一部加筆修正あり）

表紙　**江戸橋**：近鉄江戸橋駅と三重大学を結ぶ橋だが現在は建て替えられている。
　　　　　　この画は建て替え以前の木橋を江戸橋駅側上流の川岸から見上げたもので23号線にかかる新江戸橋も僅かに見えている。旧参宮道から北上するとこの地点で江戸へ向かう京へ行くかの分岐点になっている。（春秋39号）

P.14　**津城の石垣**：津城の起源は安濃津城を構えたことに始まり、築城の名手藤堂高虎により大改修が加えられた。明治維新により城郭は廃棄され、石垣と入徳門と戦後築てられた櫓が残っている。現在城郭を再建する運動が起こっている。この絵はお城公園の中で石垣が立派に見えるところから描いたものである。（春秋42号）

p.18　**一身田寺内町黒門跡**：専修寺の寺内町外堀には多くの橋が架かっている。手前の橋は黒門跡の橋だが、個人住宅専用の橋もある。（春秋39号）

p.41　**雲出橋**：413号線が雲出川を渡る比較的新しい橋。明治13年参宮道に架設された木橋はこのあたりにあったとのこと。伊勢街道の島貫大灯籠は整備され雲出川右岸に見える。（春秋39号）

p.46　**津漁港**：第1種（地域）漁港ですが津市中心部岩田川河口から少し入ったところにあります。水産物卸市場にも近く漁港の雰囲気を満喫することができます。（春秋40号）

p.56　**香良洲漁港**：雲出川河口の三角州にある香良洲は漁師町で水産物の問屋などもあります。この漁港で廃船の姿とか漁船の様子を描きに行く事が多いのですが面白いモティーフです。対岸にジャパンマリンユナイテッドの大型クレーンなどが見えます。（春秋40号）

p.61　**漁船の修理（白塚漁港）**：巨大船の建造とは大違いですが、傷んだプラスティック漁船の修理を船大工が手作業で行っているところです。白塚漁港の片隅でのんびり作業しているのが印象的でした。（春秋40号）

p.64　**津ヨットハーバー**：　第30回国体（昭和50年）の時整備された施設で正式名称は伊勢湾海洋スポーツセンターといいます。三重県内の海洋スポーツの中心の一つです。海風に吹かれて優美なクルーザーをスケッチするだけでリッチな気持ちが味わえます。（春秋40号）

江戸橋文庫 No.1 －三重大学出版会20年史－

発行日　2020年11月30日

著　者　二十年史編集委員会

発行所　三重大学出版会

〒514-8507　津市栗真町屋町1577

三重大学総合研究棟II-304号

Tel/Fax　059-232-1356

社　長　濱 森太郎

印刷所　モリモト印刷株式会社

〒162-0813　東京都新宿区東五軒町3-19

M.Hama 2020 Printed in Japan

ISBN978-4-903866-53-6 C1021　￥800E